共通テスト 漢文

満点のコツ

[改訂版]

江端 文雄 著

教学社

はしがき

本書は**大学入学共通テスト**（以下、**共通テスト**）の漢文で**満点を取るためのコツ**を、物惜しみすることなくすべて披露した参考書です。漢文は一通り勉強したけれど、どうも苦手だとか、現代文は自信があってそこそこ点が取れるけれど、漢文はさっぱり取れないとか、そういう人はぜひ本書をひもといてください。

実際、共通テストの漢文で**満点**を取るのは可能です。それも一部の高得点者だけでなく、平均点の前後をさまよっている受験生でもその可能性は大いにあるのです。漢文で**満点**（もしくはそれに近い得点）が取れない人は損をしていると言っても過言ではありません。

筆者は本書のねらいを、次の3点に定めました。

①**漢文へのアプローチの仕方**

②**漢文の読解法**

③**設問の解法**

本書を読み進めるに従い、この3点が自然と身につくように配慮しました。みなさんはそれを実感するはずです。単語も句形も覚えたのに点に結びつかなかった原因がわかります。そうか、**漢文はこんなふうに読むのか**、**設問はこんなふうに解くのか**と納得するはずです。きっとみなさんの目からウロコがボロボロ落ちることでしょう。読み終えた後は視界がすっきり！　視力もアップします？

ちっぽけな参考書ですが、私が長年受験生に教えたり入試問題の解説を書いたりしてきたことで得たノウハウがぎっしりと詰まっています。とにかくみなさんは本書を最後まで読んで、内容をマスターしてください。マスターすれば確実に**満点**がねらえます。後はその自信を確実なものとするために、**共通テストの過去問**、その他の問題集で実戦力を養うことです。

江端文雄

目次

第3章　読解　実戦問題に挑戦！ ……107

※本書は、二〇二四年二月時点で文部科学省や大学入試センターから公表されている情報に基づいて作成しています。

※本書で主に分析した問題は、共通テスト（二〇二一～二〇二三年度）とセンター試験（一九九〇～二〇二〇年度）の過去問および共通テストの試行調査（第一回は二〇一七年実施、第二回は二〇一八年実施）です。

※第3章の実戦問題の配点は50点満点ですが、二〇二五年度からの新課程入試では漢文の配点は45点となります。

満点のコツ一覧

重要語法一覧

共通テストの漢文

1 共通テストの特徴

共通テストの国語の問題、特に現代文は、複数の資料を関連づけながら読み解くという高度な思考力や分析力が要求されます（もともと国語という教科は文章を読むこと自体が思考力や論理力を必要としますが、それにプラスした新たな力が求められるわけです）。概して単一の文章を読み解くよりも難易度が上がり、時間も余計にかかります。受験生も大変ですが、作問に当たる先生方のご苦労は並大抵のものではないでしょう。

古文・漢文も現代文と同じく、共通テストでは**複数資料を用いた問題**が出されるようになっています。**異なる出典を読み解いて関連づける**という作業は、現代文とはまた違った難しさがあります。ただ漢文は比較的その苦労が軽減されるように思われます。というのも複数資料とはいえ同一の出典だったり、二つ目の資料が短かったりするためです。これは受験生にとってはありがたいことで、**漢文に限れば、形式的にも難易度的にも、共通テストの前身のセンター試験とそれほど変わっていない**とも言えます。

2 共通テストの設問

設問は、次の二種類で構成されています。

①**知識問題**―**単語**の読みや意味、**句形**がらみの読みや解釈
②**読解問題**―**内容説明**や**理由説明**、**主旨**の把握

①は**単語**や**句法**の知識を試す設問です。全設問のうちの三、四問がこの種の設問で占められます。そのうち**単語**の読みや意味は一問で、二、三の単語が問われ、ふつう問1に配置されます。残り二、三問が**句形**がらみの問題で、句形の知識だけで正解が選べる場合と、句形の知識で選択肢を絞り、さらに前後の文脈によって正解を選ぶ場合とがあります。

②はまさしく**読解力**を試す設問です。**部分的な読解を試す**ものが二、三問、**全体的な読解を試す**ものや**複数の資料を関連づけて問う**ものが一問という構成が一般的です。いずれも文と文を結んで文脈を把握する力や、大きく筋をたどる力が欠かせません。逆に言うと、**筋がつかめれば正解できます**。現代文のように選択肢で迷わせたりひっかけたりすることはありません。つまり「読めたら解ける」わけです。

3 共通テストの解き方

最後に実戦的な取り組み方について述べておきましょう。共通テストの国語は、二〇二四年度までは、その前身のセンター試験の国語と同じく、現代文二題、古文・漢文各一題の計四題（時間は八〇分）の構成でした。それが**新課程となる二〇二五年度からは現代文三題、古文・漢文各一題の計五題**（時間は**九〇分**）の構成に変わる予定です。これらをどれから解くかはそれぞれ得手不得手があって一概には言えないものの、**漢文→古文→現代文の順に解け**というのが一般的なアドバイスではないでしょうか。もちろん現代文から解いてもかまいません。ただ現代文は思わぬ時間がかかるものであり、新課程の共通テストではなおさらです。ですから時間配分だけはきっちりと行うべきです。漢文に限っていえば、**大まかな目安は一五分**です。満点をねらうのであれば、それくらいの時間はかけるべきだと思います。この時間内でいかに満点を取るか、本書でそのコツをつかみ取ってください。

本書の特長

1 知識→読解と進む章構成

共通テスト漢文の特徴に合わせて、知識→読解へと進むように配列しました。すなわち第1章は単語の読みと意味で、必修範囲を示しました。第2章は句法の整理で、これもポイントを絞った解説になっています。第3章は文章の読解で、精選した問題を四題取り上げました。

2 共通テスト対策にぴったりの演習問題

各章、各講ごとに**演習問題**を載せています。各講の学習内容がどのような形で設問になっているのかを実際に確認して、自分で解いていただきます。その後で解き方を実践してみせています。みなさんは第1章から既に共通テスト対策にぴったりの漢文の問題に取り組めることになります。

3 漢文の構造を英文法や文語文法の知識で理解する

漢文の構造は単語や句法の知識だけでは把握できません。**漢文の構造を理解するのに、実は英文法や日本語の文語文法が大いに役立ちます**。ご存じのように漢文と英文は文法的な構造がよく似ています。でも訓読に気を取られるあまり、そんな類似性など忘れてしまうでしょう。実は、それが漢文のつまずきの要因なのです。本書はその要因を取り除くために、**英文法の視点**を随所に取り入れています（特に**第3章**）。と同時に**文語文法の視点**も適宜用いています。いわば**教科の枠を越えた勉強法**を提示しているのです。

4 共通テストで満点をねらうコツを収載

各章に「満点のコツ」を配置しました。みなさんの注意を促すための特記項目です。設問ごとのアプローチ法から、漢文全般に及ぶもの、さらには現代文や古文にも応用できるものまで、全部で16あります。6ページにコツの一覧を載せていますので、本書を読み終えた後も時々見直すようにしてください。

5 漢文理解に必要な「重要語法」を網羅

要所要所に「重要語法」をまとめました。ぜひ押さえておかなければならないポイントばかりです。これも6ページに一覧がありますので、繰り返し参照し暗記してください。

6 イラストで理解が進む&息抜きも

ところどころにイラストが挿入されています。漢字で四角くなった頭を丸くほぐしてください。

本書および姉妹編の『共通テスト古文 満点のコツ』(教学社)で、古文・漢文の問題で素早く文章を読み取って正解を選ぶコツをつかみ、共通テストの攻略に向けて、実戦力を最大限に高めてください。

第1章

まずは単語から

単語の学習に入る前に、漢文の基礎である**訓点**と**書き下し文**について、簡単に確認しておきます。

訓点

訓点とは**漢文を訓読するための文字や符号**で、返り点・ふりがな（ひらがなで記す）・送りがな（カタカナで記す）・句読点などがそうです。このうち返り点には次の種類があり、いずれも漢字の左下に小さくつけます。

1 レ点　一字返って読む。
例　観ルレ花ヲ（花を観《み》る）

2 一・二点　二字以上返って読む。必要に応じて**三・四**…も用いる。
例　観ル二梅花ヲ一（梅花を観る）
例　使ム三故人ヲシテ観二梅花ヲ一（故人をして梅花を観しむ）
例　観‐二賞ス梅花ヲ一（梅花を観賞す）↓「花」から熟語「観賞」に返って読む。

3 上・下点　一・二点を間にはさんで返って読む。必要に応じて**中**も用いる。
例　有リ下観ル二梅花ヲ一者上（梅花を観る者有り）

4 甲・乙点　上・下点を間にはさんで返って読む。必要に応じて**丙・丁**…も用いる。
例　非ズ乙唯ダニ有ル下観ル二梅花ヲ一者上耳ニ甲（唯《た》だに梅花を観る者有るのみに非ず）

※上から下へという大原則に従って読み、返り点のついた字はその指示に従って読みます。
※**1**と**2**～**4**を組み合わせた、**一レ点・上レ点**などもあります（ただし、二レ・下レなどの形はありません）。
例　不二必ズシモ観一レ花ヲ（必ずしも花を観ず）

※再読文字・返読文字には必ずレ点・一二点・下点などがつきます。再読文字のように思えても、返り点がついていなければ、その字は再読文字ではなく、別の読み・意味用法になります（設問の都合で、再読文字であっても返り点がついていない場合はこの限りではありません）。

例 秦 兵 **且**ニレ至ラント（秦兵且に至《まさ》らんとす）→助動詞「且」は〝今にも～しようとする〟の意の再読文字。

例 上 **且**ツ怒リ**且**ツ喜ブ（上《じやうか》且つ怒り且つ喜ぶ）→接続詞「且」は〝一方では～〟の意。

書き下し文

書き下し文とは**漢文を日本語として読み下した文**で、次の規則に従います。

1 漢字とひらがなを用いて書く。

例 寧ロ為ルモ二鶏 口ト一、無カレ レ為ル二牛 後ト一（寧《むし》ろ鶏口《けいこう》と為《な》るも、牛後《ぎゅうご》と為る無《な》かれ）

2 日本語の助詞・助動詞にあたる字（漢文の品詞とは必ずしも一致しない）はひらがなで書く。

例 李 下ニ **不**レ正サレ冠ヲ（李下《りか》に冠《かんむり》を正《ただ》さ**ず**）

例 他 山 **之** 石、**可**シ二以テ 攻ムレ玉ヲ（他山**の**石、以《もっ》て玉を攻《をさ》む**べし**）

3 置き字は書かない。

例 良 薬ハ 苦シ二**於** 口ニ一（良薬は口に苦《にが》し）

例 縁リテレ木ニ **而** 求ムレ魚ヲ（木に縁《よ》りて魚を求む）

4 再読文字は二度目の読みをひらがなで書く。

例 過ギタルハ **猶**ホシレ不ルガレ及バ（過ぎたるは猶《な》ほ及ばざるが**ごとし**）

第1講　読　み

漢字は一字一字に意味をもたせた**表意文字**《ひょうい》です。言い換えれば、**漢字一字**が単語になります。語学の学習が単語の学習から始まるように、漢文もまずは単語を知らなければなりません。**単語**の理解があってこそ、熟語、句、文の理解へと進んでいくことができます。でも幸いなことに、みなさんは小学生のときから既に漢字の学習を始めています。**漢文の学習は既に始まっている**のです。その知識が大いに役立ってくれますよ。

共通テスト漢文では漢字の**読み**や**意味**が問われます（単語の読みの出題率は低いですが、書き下し文の中で副詞などの読みが問われています）。これらは**知識問題**と考えてよく、問題文の筋がつかめなくても正解できます。逆に言えば、知識がなければ時間をかけて考えてもわかりません。ですから暗記すべきものは覚えてしまいましょう。他の科目に比べると、漢文で覚えるべき事柄は多くありません。おまけに古文の学習と重なる部分が少なくありません。文の構造は英語に似ています。まさに「**労少なくして、益多し**」です。共通テストで点をかせぐのに、漢文ほど「楽な」科目はないでしょう。

副　詞

まず注意すべき**副詞**の読み（送りがなを含む）を取り上げます。チェック欄にチェックを入れながら覚えましょう。

□ **豈**　あに（＝どうして）

□ **嘗**　かつて（＝以前）

□ **偶**　たまたま（＝思いがけず）

□已 すでに（＝もはや）
□只 ただ（＝～だけ）
□唯 ただ（＝～だけ）
□惟 ただ（＝～だけ）
□特 ただ（＝～だけ）
□独 ひとり（＝～だけ）
□卒 にはかに（＝急に）
□俄 にはかに（＝急に）
□暴 にはかに（＝急に）
□相 あひ（＝互いに）
□遂 つひに（＝そこで）
□終 つひに（＝とうとう）
□卒 つひに（＝結局）
□竟 つひに（＝結局）
□何 なんぞ（＝どうして）
□猶 なほ（＝やはり）

□曾 かつて（＝以前）
□方 まさに（＝今ちょうど）
□実 まことに（＝本当に）
□殆 ほとんど（＝あやうく）
□甚 はなはだ（＝ひどく）
□太 はなはだ（＝ひどく）
□果 はたして（＝やはり）
□忽 たちまち（＝にわかに）
□蓋 けだし（＝思うに）
□尽 ことごとく（＝すべて）
□悉 ことごとく（＝すべて）
□私 ひそかに（＝こっそり）
□窃 ひそかに（＝こっそり）
□頻 しきりに（＝たびたび）
□稍 やや（＝少し）
□良 やや（＝かなり）

□適 たまたま（＝ちょうど）
□徒 いたづらに（＝むだに）
□殊 ことに（＝とりわけ）
□与 ともに（＝いっしょに）
□倶 ともに（＝いっしょに）
□向 さきに（＝以前）
□大 おほいに（＝非常に）
□一 ひとたび（＝一度）
□尤 もつとも（＝とりわけ）
□僅 わづかに（＝かろうじて）
□徐 おもむろに（＝ゆっくり）
□聊 いささか（＝少し）
□頗 すこぶる（＝かなり）
□具 つぶさに（＝詳しく）
□更 さらに（＝いっそう）
□愈 いよいよ（＝ますます）

□**却** かへつて（＝反対に）
□**亦** また（＝〜もまた）
□**又** また（＝その上）
□**復** また（＝もう一度）
□**滋** ますます（＝いよいよ）
□**益** ますます（＝いよいよ）
□**固** もとより（＝もともと）
□**素** もとより（＝もともと）
□**漸** やうやく（＝しだいに）
□**暫** しばらく（＝しばし）
□**数** しばしば（＝たびたび）
□**夙** つとに（＝早く）　□**凡** およそ（＝おおよそ）
□**交** こもごも（＝かわるがわる）　□**各** おのおの（＝それぞれ）
□**立** たちどころに（＝ただちに）　□**挙** あげて（＝残らず）
□**動** ややもすれば（＝どうかすると）
□**因** よりて・よつて（＝それがもとで）
□**自** おのづから・みづから（＝自然と・自分で）
□**安** いづくんぞ・いづくにか（＝どうして・どこに）
□**悪** いづくんぞ・いづくにか（＝どうして・どこに）
□**幾** ほとんど・いくばく（＝あやうく・どれほど）
□**就中** なかんづく（＝とりわけ）
□**庶・庶幾** こひねがはくは（＝願わくは）

「ひぇっ！　こんなにいっぱい？」と思いますか。いいえ、**これだけでいいのです**。発想を逆転させましょう。これ以外にも副詞はまだまだいろいろありますが、みなさんはもう**既に**いくつも知っています。例えば今の「**既**」もそうです。右にあげた中にも既知のものがいくつかあるでしょう。

また、これを覚えれば**古文の知識**にもなります。例えば「**徒**」は「**いたづらに**」と読みますが、基本古語にも「**いたづらなり**」があります。〝むだだ〟という意味ですね。漢字の「**徒**」にもこの意味があります。しかも漢字の場合、「徒労（＝むだな骨折り）」「無為徒食（＝何もしないでむだめしを食べること）」といった熟語からも意味が推測できます。先に**古文の学習と重なる**と言ったことの一つがこれなのです。

過去問チェック

それでは実際の問題を見てみましょう。

傍線部の読み方として最も適当なものを、次の各群の①〜⑤のうちからそれぞれ一つずつ選べ。

「嘗窮困《シ》」

① かつて
② こころみに
③ すなはち
④ なめて
⑤ なんぞ

（共通テスト第1回試行調査）

「与語《リテ》大《イニ》説《よろこビテ》」

① あたへ
② あづかり
③ ここに
④ すでに
⑤ ともに

（共通テスト第1回試行調査）

「蓋知ル」

① なんぞ
② はたして
③ まさに
④ すなはち
⑤ けだし

（二〇一七年度・本試験）

「相ヒ去ルコト愈遠ク」

① しばしば
② いよいよ
③ かへつて
④ はなはだ
⑤ すこぶる

（二〇一七年度・本試験）

正解⇩①・⑤・⑤・②

満点のコツその1　ねらい目を覚える

- **読みが問われる漢字は予想できる。**その予想の範囲内の漢字を完璧に覚えよう。
- まず機械的に丸暗記し、その後、文章中での使われ方を確認するのがよい。

接続詞

次に接続詞の読み（送りがなを含む）を取り上げます。接続詞の読みも頻出ですので、要注意です。

□即　すなはち
□雖　いへども
□与　と
□乃　すなはち
□且　かつ
□仮　もし・たとひ（＝もし・たとえ）
□則　すなはち
□抑　そもそも（＝さて）
□縦　たとひ（＝たとえ）
□便　すなはち
□将　はた（＝または）
□苟　いやしくも（＝かりにも）
□輒　すなはち
□並　ならびに
□況　いはんや（＝まして）
□及　および
□若　もし・もしくは
□寧　むしろ
□故　ゆゑに
□如　もし・もしくは
□或　あるいは
□於レ是　ここにおいて（＝そこで）
□是以　ここをもつて（＝だから）
□而　（順接）しかうして・しかして　（逆接）しかも・しかれども・しかるに
□然　（順接）しからば・しかれば　（逆接）しかれども・しかるに

過去問チェック

それでは問題を見てみましょう。

傍線部の読み方として最も適当なものを、次の各群の①～⑤のうちからそれぞれ一つずつ選べ。

「苟」
① いへども
② いはゆる
③ いづくにか
④ いづくんぞ
⑤ いやしくも
（二〇一六年度・追試験）

「況」
① いはんや
② すなはち
③ なんぞ
④ むしろ
⑤ あに
（二〇一六年度・追試験）

「与二鄭《てい》法《はふ》士《し》一倶ニ」
① あづかりて
② より
③ くみして
④ と
⑤ あたへて
（二〇〇八年度・本試験）

「輒」

① あるいは
② あへて
③ たちまち
④ すなはち
⑤ もつぱら

（二〇〇四年度・追試験）

「於レ是」

① ここより
② これより
③ これによりて
④ ここにおいて
⑤ これにおいて

（二〇〇三年度・追試験）

正解⇩⑤・①・④・④・④

重要語法その1　「すなはち」と読む字　「即」「乃」「則」「便」「輒」

19ページで見たように、次の接続詞はいずれも「**すなはち**」と読みますが、意味が異なります。どれもよく使う字なので、意味の違いを覚えてください。

即　**すぐに・つまり・そのまま**

例　項《かう》伯《はく》**即**《すなはチ》入《いリテ》見《まみユ》二沛《はい》公《こうニ》一。（項伯**即ち**入りて沛公に見ゆ。）＝項伯は**すぐに**入って沛公に会った。

乃　**そこで・それなのに・まさしく**

例　項王**乃**《すなはチ》大《おほイニ》驚《おどろキテ》曰《いはク》（項王**乃ち**大いに驚きて曰く）

＝項王は**そこで**大いに驚いて言うには

則　（訳さないが、**仮定**の意などを示す。「～（す）れば、則ち…」の形になることが多く、「レバ則」と通称される）

例　衣食足《たレバ》、**則**《チ》知《ル》二栄辱《ヲ》一。（衣食足れば、**則ち**栄辱を知る。）

＝生活が楽になれ**ば**、名誉と恥辱を知るようになる。

便　「即」に同じ

輒　**そのたびに・～するたびに・～とすぐに**

例　張《ちやう》負《ふノ》女《ぢよ》孫《そん》五《いつタビ》嫁《かシテ》而夫**輒**《すなはチ》死《ス》。（張負の女孫五たび嫁して夫**輒ち**死す。）

＝張負の孫娘は五度嫁いで**そのたびに**夫が死んだ。

夜聞漢軍四面皆楚歌
項王乃大驚曰
「漢皆已得楚乎
是何楚人之多也!」

重要語法その2 「是」の読み

於レ是 ここにおいて＝そこで

例 於《おイテ》レ是《ここニ》 梁《りやう》為《なル》二会《くわい》稽《けいノ》守《しゆト》一。（**是《ここ》に於いて**梁会稽の守と為る。）＝**そこで**梁は会稽の守となった。

是以 ここをもって＝だから

例 衆《しゆう》人《じん》皆《みな》酔《ゑヒ》、我《われ》独《ひとり》醒《さメタリ》。**是《ここヲ》以《もつテ》**見《る》レ放《はなタ》。（衆人皆酔ひ、我独り醒めたり。**是《ここ》を以て**放たる。）
＝多くの人は皆酔って、私一人が醒めている。**だから**私は追放された。

以レ是 これをもって＝これによって

例 **以《もつテ》レ是《これヲ》**観《みレバ》レ之《これヲ》、夫《かノ》君《きみ》之《の》直《ちよく》臣《しんハ》、父之暴《ぼう》子《し》也。（**是《これ》を以て**之を観れば、夫の君の直臣は、父の暴子なり。）
＝**この例によって**これを考えると、君主の忠臣は父にとっては不孝者である。

是故 このゆゑに＝だから

例 是《こノ》故《ゆゑニ》悪《にくム》二夫《そノ》佞《ねい》者《しやヲ》一。（**是《こ》の故に**夫の佞者を悪む。）＝**だから**口達者な者が嫌いなのだ。

その他

最後に副詞や接続詞以外の単語の読み（送りがなを含む）を取り上げます。

- □不レ能　あたはず
- □不レ可　べからず
- □不レ如　しかず
- □不レ勝　たへず
- □不者　しからずんば
- □今者　いま
- □昔者　むかし
- □所謂　いはゆる
- □所以　ゆゑん
- □以為　おもへらく
- □以レ是　これをもつて

- □対日　こたへていはく
- □如レ是　かくのごとし
- □若レ此　かくのごとし
- □為レ人　ひととなり
- □困　くるしむ
- □悪　にくむ
- □愛　をしむ
- □之　ゆく
- □亡　にぐ
- □見　まみゆ・あらはる・る・らる
- □為　なす・つくる・たり・ために・る・らる

- □中　あたる
- □道　いふ
- □難　かたし
- □雪　すすぐ
- □負　そむく
- □質　ただす
- □衆　おほし
- □寡　すくなし
- □少　わかし

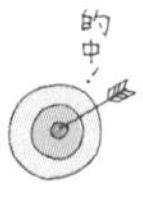

過去問チェック

それでは問題を見てみましょう。

傍線部の読み方として最も適当なものを、次の各群の①～⑤のうちからそれぞれ一つずつ選べ。

(1) 桓《くわん》公《こう》毎《つね》ニ質㆓之ヲ鮑《はう》叔《しゆく》ニ㆒。

① すすむ　② あたふ　③ ちかふ
④ ただす　⑤ せむ

（二〇〇五年度・本試験）

(2) 仲《ちゆう》不㆓幾《ほとんど》ド負㆑叔《しゆく》ニ㆒乎《や》。

① そむか　② まけ　③ おは
④ たのま　⑤ にくま

（二〇〇五年度・本試験）

(3) 不㆑勝㆓驚《きやう》錯《さく》ニ㆒曰《いは》ク

① たへずして　② かたずして　③ まさらずして
④ すぎずして　⑤ すぐれずして

（二〇〇四年度・本試験）

正解⇩④・①・①

(1)「桓公毎に之を鮑叔に質す」と書き下します。桓公はいつも管仲の政策について鮑叔に「**質**」したという内容です。「**質**問」「**質**疑」といった熟語を考えれば、④「**ただす**」と読むのが適当だとわかります。

> **満点のコツその2　熟語を考えよう**
>
> ・読み方や意味がわからないとき、**その漢字を使った熟語を考えると**、意外と答えがわかるものだ。
> ・小中学生でも読めるような読みは設問として問われないと考えてよい。

(2)「仲幾ど叔に負かずや」と書き下します。ここで、「**負**」だから②の「**まけ**（ず）」か、③の「**おは**（ず）」だろう、と即断してはいけません。こんな簡単な読みならわざわざ設問にはしないとみるべきです（→満点のコツその2）。また、⑤なら「叔**に**（にくまずや）」ではなく、「叔**を**（にくまずや）」となるはずです。

実は、「**負**」は⑤以外の読みがすべて可能です。②・③がはずれましたから、①か④です。この判定は文脈に頼るしかありません。

この一節の直前で、管仲（＝仲）が桓公の質問に答えて、鮑叔（＝叔）には宰相が務まらない、と進言しています。これはちょっと考えると鮑叔への中傷のように見えます。だからこの一節のように「管仲はほとんど鮑叔を**裏切って**はいないか」と述べられるのです。したがって①が正解になります。

(3)「驚錯に勝へずして曰はく」と書き下します。「**不**レ**勝**」は「不レ勝レA（Aに勝《た》へず）」と、**必ず下から返って読む返読文字**（この場合は、下の「**驚錯**」から上の「**不勝**」に返って読んでいる）です。ためらわず①を選択します。間違っても②や③を選んではいけません。

重要語法その3　返読文字のあれこれ　「有」「所」「与」…

- 訓読する際に、（レ点や一・二点などを用いて）**必ず下の文字から返って読む**文字を返読文字という。
- これらは動詞・助動詞・前置詞などからなる。
- 返読文字は意外と盲点になるので、主なものを以下で確認しよう（読みは送りがなを含む）。

□欲　ほっす　　□有　あり　　□足　たる
□雖　いへども　　□無・莫　なし　　□自・従　より
□所　ところ　　□不・弗　ず　　□所以　ゆゑん
□易　やすし　　□勿・毋・莫　なかれ　　□不レ可　べからず
□難　かたし　　□非　あらず　　□不レ能　あたはず
□与　と　　□若・如　ごとし・しく　　□不レ若・不レ如　しかず
□使　しむ　　□見・被　る・らる　　□不レ勝　たへず
□毎　ごとに　　□為　なす・なる・つくる・たり・ために

例 山青《クシテ》花**欲**《ほっス》レ然《もエント》（山青くして花然えんと欲す）
例 少年**易**《やすク》レ老《おイ》学**難**《がたシ》レ成《なり》（少年老い易く学成り難し）
例 一《いっ》寸《すんノ》光《くわう》陰《いん》**不**《ず》レ**可**《ベカラ》レ軽《かろンズ》（一寸の光陰軽んずべからず）
例 楚《そ》人《ひとニ》**有**《り》下鬻《ひさグ》二楯《たてト》**与**《とヲ》レ矛《ほこ》者上（楚人に楯と矛とを鬻ぐ者有り）
例 **所**《ところ》レ向《むカフ》**無**《なシ》レ敵《てき》（向かふ所敵無し）
例 **有**《あり》レ朋《とも》**自**《より》二遠方一来《タル》、**不**《ず》二亦《また》楽《たのシカラ》一乎《や》（朋有り遠方より来たる、亦楽しからずや）
例 百《ひゃく》聞《ぶんハ》**不**《ず》レ**如**《しカ》二一《いっ》見《けんニ》一（百聞は一見に如かず）

第2講　意味

文章を読解する上で**語彙力**が決定的な役割を果たすのは、英語などの外国語を学ぶ場合です。いくら文法をマスターしても単語を知らなければ話になりません。その点、現代文や古文は日本語ですから、学習を始める時点で既にある程度の語彙力は身についています。それでも評論文キーワードや基本古語の知識は不可欠です。英単語に比べればその数は知れているとはいえ、単語帳などを利用して語彙を増やすことが必要です。

それでは**漢文**はどうでしょうか。漢文はもとは中国語の文章ですから、外国語のはずです。しかし第1講の冒頭でも述べたように、私たちは小学校以来漢字を学んできましたから、やはりある程度の語彙力が身についています。もし全く漢字を知らない状態で漢文の学習を始めるとしたら、大変な努力が必要です。「漢字を勉強しておいてよかった」のは漢文でも同じなのです。しかも幸いなことに、**新たに覚えるべき単語は古文単語と比べてもずっとわずか**です。次におおよそのところを示しますので、ご自身で納得してください。

共通テストおよびセンター試験の漢文では、語句の意味は大きく分けて二通りのパターンで問われています。**端的に意味を問うパターン**と、**同じ意味で用いられている熟語や漢字を選ぶパターン**です。このいずれかのパターンがほぼ毎年出題されています。後で出題例を示しますので解答してみてください。

重要単語

重要単語を、**人に関する語・現代日本語と意味が異なる語・形容・漢文常識**の項目に分けて示します。

人に関する語

①身分や状況に関する語

□公《こう》　諸侯・君主

□左右《さいう》　近臣・補佐する

□吏《り》　役人

□百姓《ひやくせい》　人民

□過客《くわかく》　旅人

□小人《せうじん》　つまらない人間

□学者《がくしや》　学問を志す人

□豎子《じゆし》　子ども

②一人称（自称）

□朕《ちん》　私（天子の自称）

□臣《しん》　私（臣下の自称）

□相《しやう》　大臣

□官《くわん》　役人

□食客《しよつかく》　客人として召し抱えておく人

□遊子《いうし》　旅人

□君子《くんし》　学徳のある立派な人

□夫子《ふうし》　先生・特に孔子

□長者《ちやうじや》　年長者・目上の人

□僕《ぼく》　召し使い

□寡人《くわじん》　私（君主の自称）

□妾《せう》　私（女性の自称）

③二人称（対称）

□子《し》　あなた（対称の敬語）

□先生《せんせい》　あなた（対称の敬語）

□汝《なんぢ》・女《なんぢ》・若《なんぢ》・爾《なんぢ》　お前（対称）

現代日本語と意味が異なる語

□鬼《き》　霊魂

□城《じやう》　都市・都市を取り囲む壁

□煙《えん》　かすみ・もや

□遠慮《えんりよ》　先を見通した深い考え

□稽古《けいこ》　昔のことを調べること

□知己《ちき》　親友

□故人《こじん》　旧友

□人間《じんかん》　世間・人間世界

□大丈夫《だいぢやうぶ》　立派な男子

□多少《たせう》　多く

形容

□莞爾《くわんじ》　にっこりほほえむさま

□従容《しようよう》　ゆったり落ち着いたさま

□蕭然《せうぜん》　もの寂しいさま

□悄然《せうぜん》　憂え悲しむさま

□憮然《ぶぜん》　がっかりするさま

□忽然《こつぜん》　突然なさま

漢文常識

□字《あざな》　成年後につける別名
□義《ぎ》　人のふみ行うべき道
□理《り》　道理
□家書《かしょ》　家族からの（への）手紙
□為《なリ》レ人《ひと》ト　人柄
□所以《ゆゑん》　理由・手段・目的
□粟《ぞく》　穀物
□京師《けいし》　都
□四海《しかい》　世界・天下
□色《いろ》　表情

□仁《じん》　慈愛・人道の根本
□道《だう》　宇宙の根本原理・正しい道筋
□光陰《くわういん》　年月・時間
□須臾《しゅゆ》　わずかな時間
□期年《きねん》　まる一年
□天命《てんめい》　天が与えた使命
□器《うつは》　才能
□社稷《しゃしょく》　国家
□四時《し(い)じ》　四季
□文《ぶん》　かざり・文章

たったこれだけでいいの？　そうです。たったこれだけでいいのです。その数のあまりの少なさにびっくりしたことでしょう。英単語帳や古文単語帳の量とは雲泥の差です。なぜ？　だってみなさんは既にたくさんの単語を知っているからです。

過去問チェック

まず**端的に語句の意味を問う設問**です。①**漢字それ自体の意味を考える**、②**前後の文脈をふまえる**という手順に従いましょう。

傍線部の意味として最も適当なものを、次の各群の①〜⑤のうちから、それぞれ一つずつ選べ。

(1) 今見《テ》レ雉《ヲ》、即為《スハ》二之《ヲ》宝《ト》一、

① かえって　② そこではじめて　③ すぐに
④ そのときには　⑤ かりに

（二〇二一年度・追試験）

(2) 果遇《フ》二太公《ニ》於渭《ゐ》之陽《きたニ》一。

① たまたま　② 案の定　③ 思いがけず
④ やっとのことで　⑤ 約束どおりに

（共通テスト第1回試行調査）

(3) 甫泣《キテ》而対曰《ハク》、

① こらえて　② そむいて　③ こたえて
④ そろって　⑤ さけんで

（二〇一九年度・本試験）

(4)
X 外間議レ準《ヲ》云何《いかん》。
Y 賢相《ノ》所下以能《ク》建《テ》二功業《ヲ》一沢中生民《ヲ》上者《は》、

① X 相談する　Y 水を用意する
② X 非難する　Y 田畑を与える
③ X 論評する　Y 恩恵を施す

④ X 礼賛する　Y 物資を供給する
⑤ X 批判する　Y 愛情を注ぐ
（二〇一八年度・本試験）

(5)
未レ幾、以テ二礼部員外郎ヲ一召サル。
① 突然に　② 思いがけず　③ おもむろに
④ たえず　⑤ まもなく
（二〇二二年度・本試験）

(6)
蓋会心之友ハ難クレ獲え、
① おもうに　② むしろ　③ しばしば
④ にわかに　⑤ ともすれば
（二〇二二年度・追試験）

(7)
自リレ為《た》リシ二布衣一至ルマデ二宰相ニ一、廉倹如シレ一ノ。
① 変わらない　② 及ばない　③ 戻らない
④ 迷わない　⑤ 避けられない
（二〇二一年度・追試験）

(8)
未ダル二嘗テ須《しゆ》臾《ゆ》モ離レレ此ヲ也ト。
① 些細《ささい》な相違　② 少ない回数　③ わずかな時間
④ 短い距離　⑤ すばやい動作
（二〇二一年度・追試験）

(9) 動《モスレバ》以《テ》杜《と》詩《ヲ》為《シ》難解《ト》、

① いきなり　② みだりに　③ いやしくも
④ とかく　⑤ まれに
（二〇一〇年度・本試験）

(10) 吾《ガ》師方子春在《リ》東海中《ニ》、能《ク》移人情《ストノ》《ヲ》。

① 人の旅情を慰める　② 人の心情を変える　③ 人の情愛を育《はぐく》む
④ 人の感情を伝える　⑤ 人の同情を誘う
（二〇一〇年度・追試験）

(11) 問《フ》鮑叔之為人《リヲト》。

① 評判　② 実績　③ 習癖
④ 短所　⑤ 性格
（二〇〇五年度・本試験）

(12) 日《ニ》行《キ》百余里《ヲ》、雖《モ》竟月《をフトヲ》不疲《レ》。

① 月がかたむく　② 月明かりを頼る　③ 夜通し駆ける
④ 年月を費やす　⑤ ひと月が過ぎる
（二〇〇四年度・追試験）

正解⇩③・②・③・③・⑤・①・①・③・④・②・⑤・⑤

(1) 「今雉《きじ》を見て、即ち之を宝と為《な》すは」と書き下します。「即」は「すなはち」と読む接続詞で、〝すぐに。そのまま。つまり〟の意があります（→ **重要語法 その1** p22）。雉を見てこれを宝と即断するという内容です。③が正解です。

(2) 「果たして太公に渭《ゐ》の陽《きた》に遇ふ」と書き下します。周の国の文王が狩の成果を占ったところ、補佐役を手に入れるだろうと出たという文脈に続きます。「**太公**」がその補佐役です。「**渭**」は川の名。「**果**」は〝やはり〟の意の副詞で、**予想した結果を確認する**ときに使われます。②が正解です。⑤の「**約束**」は文脈に合いません。

(3) 「甫《ほ》泣きて対へて曰はく」と書き下します。「**甫**」は盛唐の詩人杜甫をいいます。「**対**」は「こたフ」と読む動詞で、普通「対曰（こたへていはく）」という形でよく見かけます。〝相手（特に目上の人）に答える〟の意です。③が正解です。

(4) Xは「外間《ぐわいかん》準を議《ぎ》すること云何《いかん》」と書き下します。「**外間**」は「世間」の注があります。「**準**」は人の名。「**云何**」は「何如・何若」などと同じで、〝どのように〟の意です。「**議**」は「議論」の「議」で、〝論じる。相談する。批評する〟の意です。Yは「賢相の能《よ》く功業を建て生民を沢す所以《ゆゑん》は」と書き下します。「**賢相**」は〝名宰相〟。「**所以**」は〝理由〟。「**沢**」は「**生民**」を目的語とする動詞で、「うるほス」と読みます。「恩沢」などの熟語が思いつければベストです。「**生民**」は「人々」の注がついていますが、覚えて損はありません。正解は③。

(5) 「**未**」は「いまダ～ず」と読む**再読文字**。「**幾**」は「いくばく」と読む**疑問の副詞**です（「幾何」となっても同じく「いくばく」と読みます）。「未だ幾ならずして、礼部員外郎（＝官職の名）を以て召さる」と書き下します。どれほども経たないのに礼部員外郎に任命されたという内容です。よって時間的に間がないことを表す「**まもなく**」とある⑤が正解です。なお③の「**おもむろに**」は〝ゆっくりと〟の意です。

(6) 「蓋《けだ》し会心の友は獲難《がた》く」と書き下します。〝思うに気心の合う友人は得難くて〟の意です。「**蓋**」は重要な副詞の一つです。文句なしに①が正解です。

(7)「布衣《ふい》たりしより宰相に至るまで、廉倹一《れんけんいち》のごとし」と書き下します。起点を表す前置詞「自《リ》」と、下にある「至《ルマデ》」に着眼して、「一」は〝ずっと同じ〟の意だと判断します。「如（ごとシ）」は比況〝〜のようだ〟の意を表します。この一節は純仁という人物を描写する部分にあり、純仁は布衣（＝庶民）だったときから宰相になるまで、ずっと清らかで慎ましかったという内容です。よって「**変わらない**」とある①が正解です。

(8)「未だ嘗《かつ》て須臾も此《これ》を離れざるなりと」と書き下します。「**須臾**」は〝わずかな時間〟の意の重要語です（↓p31）。よって③が正解。

(9)「動もすれば杜詩を以て難解と為《な》し」と書き下します。「**動**」は「ややもすれば」と読む副詞で（↓p16）、〝どうかすると〟の意ですから、④が最も適当です。

(10)「吾が師方子春《ほうししゅん》東海の中に在り、能《よ》く人の情を移すと」と書き下します。「吾」は琴の名手であった伯牙を指します。「**方子春**」は伯牙の師匠。「**能**」は〝〜できる〟の意の助動詞。方子春は聴く者の感情を別の感情に「移す」ことができたという文脈をふまえます。「移す」＝「動かす」という語義をしっかりおさえて、「**変える**」とある②を選択します。琴の演奏によって聴く者の心を自由に操ることができたという内容です。

重要語法その4 「能」の用法

能《ク》〜　能《よ》く〜　＝〜できる　**（可能）**

不レ能《ハ》〜　〜能《あた》はず＝〜できない　**（不可能）**

※得《う》レ〜（〜（する）をう）・得《えテ》而〜（えて〜）＝できる

(11) 「鮑叔《はうしゆく》の人《ひと》と為《な》りを問ふ」と書き下します。「為レ人」(→p31)は〃人柄〃の意ですから⑤が正解です。

(12) 「日に百余里を行き、月を竟《を》ふと雖《いへど》も疲れず」と書き下します。筆者の所有するラバはタフで疲れ知らずだという内容です。「日に百余里を行き」と対応させて考えると、「月」は天体の「月」ではなく「月日」の「月」のようです。ここで①と②と③が消えます。次に「竟」を「をフ」と読んでいますから、〃月が終わる〃の意だと判断できます。よって⑤が正解です。

満点のコツその3 語句の意味は品詞もヒント

- **語句の意味**を選択する際はその**品詞**も考慮しよう。
- 名詞なら名詞に、動詞なら動詞に、形容詞なら形容詞に訳すのが原則。
- また動詞の場合、他動詞なら他動詞に、自動詞なら自動詞に訳すのも原則。

過去問チェック　次に、**同じ意味で用いられている熟語や漢字を選ぶ設問**です。

傍線部と同じ意味を含む熟語や漢字として最も適当なものを、次の各群の①〜⑤または①〜⑥のうちから、それぞれ一つずつ選べ。

(1) 此《ノ》術固已《ニ》深《シ》

① 強　② 難　③ 必
④ 絶　⑤ 本

（二〇二一年度・本試験第1日程）

(2) 手植《ウ》㆓両海《かい》棠《だう》《ヲ》于堂下《ニ》㆒。

① 名手　② 挙手　③ 手記
④ 手腕　⑤ 手法

（二〇一三年度・本試験）

(3) 致㆓美酒《ヲ》㆒、将《ニ》㆔一‐酔《セント》㆓于樹間《ニ》㆒。

① 筆致　② 招致　③ 極致
④ 風致　⑤ 一致

（二〇一三年度・本試験）

(4) 順境《ハ》快《キモ》㆑意《ニ》、易㆓以《テ》壊《やぶり》㆑人《ヲ》。

① 交易　② 易占　③ 簡易
④ 易学　⑤ 改易

（二〇〇五年度・追試験）

(5) 松《しよう》柏《はく》不経霜雪不能堅固。

① 政経　② 経常　③ 写経
④ 経路　⑤ 経緯

（二〇〇五年度・追試験）

(6) 引自昔名流後嗣類《おほむね》不振、

① 引責　② 引退　③ 引率
④ 引見　⑤ 引用

（二〇〇二年度・本試験）

(7) 勧戒太息而感誘之。

① 利息　② 安息　③ 嘆息
④ 息災　⑤ 息女

（二〇〇二年度・本試験）

(8) 射随《ずい》兕《じ》、中之。

① 中枢　② 道中　③ 中略
④ 集中　⑤ 中毒　⑥ 夢中

（二〇〇〇年度・本試験）

(9) 荊興師、戦於両棠《りやうたう》、大勝晋《しん》。

① 師団　② 法師　③ 師事
④ 京師　⑤ 師匠　⑥ 薬師

（二〇〇〇年度・本試験）

正解⇩⑤・③・②・③・④・⑤・③・⑤・①

(1)　「此の術固《もと》より已《すで》に深し」と書き下します。「固」は「もとより」と読む副詞で、〝**もともと**〟の意。彼（＝王良）の馬を御する術はもともと優れているという内容です。「本来」という熟語を思いつけば⑤が正解とわかります。

(2)　「手づから両海棠《りやうかいだう》を堂下《だうか》に植《う》う」と書き下します。「海棠」は「バラ科の花樹」の注があります。「于」は置き字で読みませんが、場所を表す前置詞としてはたらきます。「手」は「てづから」と読む副詞で動詞「植」にかかります。意味は〝**自分自身で**〟。**副詞＋動詞**だと気づけば、〝自分で書くこと・書いたもの〟の意の③が選択できます。①は**人**、②は**手**、④は**技能**、⑤は**方法**の意です。

(3)　(2)に続く文中にあり、「美酒を致し、将《まさ》に樹間《じゆかん》に一酔《いつすい》せんとす」と書き下します。海棠を眺めながら酒を飲んで酔うという内容がつかめればＯＫです。「致」は〝**取り寄せる**〟の意。〝招き寄せる〟の意の②が正解です。①は**おもむき**、③は**きわめる**、④は**ありさま**、⑤は**合わせる**の意です。なお「将」は「まさに～んとす」と読む**再読文字**で、〝今にも～しようとする〟の意です（→p50）。

(4)　「順境は意《い》に快きも、以て人を壊り易し」と書き下します。この「易」は「やすシ」と読む**返読文字**（→**重要語法その3** p27）です。

「易」には(i)**改める・交換する**、(ii)**変化する**、(iii)**うらない**、(iv)**やさしい・～しがちだ**、といった意があります。ここは「やすシ」と読みますから、(iv)の意です。よって〝**簡単でやさしい**〟の意である③「**簡易**」が正解です。

①・⑤は(i)、②・④は(iii)の意になります。

(5)　「松柏は霜雪《さうせつ》を経ざれば堅固なる能はず」と書き下します。ここでは「**経**」は動詞で、古典文法では**下二段活**

用です。「へ・へ・ふ・ふる・ふれ・へよ」と活用し、ここは打消の「不（ず）」に続きますから、未然形で「へ」と読みます。「霜雪を経ざれば」とは、霜や雪の降る厳しい冬を過ごさなければ、ということです。

「経」には(i)**縦糸**、(ii)**上下・南北の方向**、(iii)**経過する**、(iv)**常・不変**、(v)**治める・管理する**、(vi)**儒教・仏教の書物**、といった意があります。もちろんここは(iii)の意です。よって〝**通過する道**〟の意である④が正解です。

①は(v)、②は(iv)、③は(vi)、⑤は(i)と(ii)の意になります。

(6) 「昔より名流の後嗣《こうし》類振るはざるを引き」と書き下します。昔から名家の後継ぎはだいたい（学業が）振るわなかったことを引き、という内容ですから、「引」は〝**引き合いに出す**〟の意です。よって⑤が正解です。

「引」には他に、①の**責めを負う**、②の**しりぞく**、③の**みちびく**、④の**まねく**などの意があります。

(7) 「勧《くわん》戒《かい》太《たい》息《そく》して之《これ》を感誘《かんいう》す」と書き下します。善を勧めたり悪を戒めたり、「太息」したりして子どもを感化して導く、という内容です。親が苦心して子どもを導くという趣旨ですから、「息」は〝**ため息をつく**〟の意だと見当がつきます。よって③が正解です。

「息」には他に①の**増やす**、②の**休む**、④の**無事**、⑤の**子ども**などの意があります。

(8)　「**随兕**を射て、之《これ》に中つ」と書き下します。本文の後に「**随兕**」は「水牛に似た珍獣の名」という注があります。随兕を弓矢で射たところ命中した、という内容ですから、「**中**」は「あツ」と読み、**当たる**の意だとわかります。よって⑤の「**中毒**（＝毒に中つ＝毒に当たる）」が正解です。
「**中**」には他に①・②・③の**なか・あいだ**、④・⑥の**心が集中する**などの意があります。

(9)　「荊《けい》師を興し、両棠に戦ひ、大いに晋に勝つ」と書き下します。「**荊**」「**晋**」は国名。「**両棠**」は地名です。荊国が両棠で戦い、晋国に大勝した、という内容ですから、「**師**」は戦争に関わりのある意味だろうと見当がつきます。正解は①の「**師団**（＝司令部を持つ陸軍の単位）」で、「**師**」は**軍隊**の意です。
「**師**」には他に②・⑥の**ある道にすぐれた人**、③・⑤の**先生**、④の**人が多い**（「**京師**」は〝都〟）などの意があります。

第2章

句法を身につけよう

漢文と言えば**句法**と言えるほど、**句法**は漢文学習の中心を占めます。漢文の問題で**句法**が問われないものはありません。共通テストでも**句法**がからんだ設問が必ず出題されています。**句法**の形すなわち**句形**にはさまざまなものがあり、一見したところ複雑で難しそうですが、大丈夫です。整理して、基本的なもの・覚えやすいものから学習すれば自然と身につきます。その上、**句法**がらみの設問の多くは、問題文の筋がとれなくても解けます。知識問題と言ってもいいくらいです。そうとわかれば学習意欲もわくのではないでしょうか。

ところで文法的視点から見ると、**漢文は日本語よりも英語に近い**と言えます。主語・述語・目的語・補語の位置関係や、接続詞・前置詞のはたらきなどは英語ととてもよく似ています。かと思えば、副詞が動詞や形容詞の上にきたり、助詞を用いたりする点などは日本語と同じです。語形変化しない点はどちらとも違います。ですから漢文を読む際は、**英文法の視点を中心にしながら補助的に日本語の古典文法の視点を取り入れることが大切です**。**句法**の理解にもこのような観点が役立ちます。

入試で品詞が問われることはありませんが、**文意や句法を理解する上で品詞の知識は大いに役立ちます**。そこで本書では、英文法や古典文法になじんだみなさんの便宜を考えて、次のような品詞項目を立て、これに基づいて句法の説明や問題の解説を行っていきます（実は漢文の品詞分類は確定されているとはおよそ言いがたい状況です）。英語の前置詞があるかと思えば、古典文法の助詞があったりと、なんだか英文法と古典文法のちゃんぽんみたいな感じがすると思います。でもこれで大部分は説明できます。品詞ごとに例字をあげますが、特に覚える必要はありません。参考程度に見てください。本書を読み進めるうちに、大事な語の品詞は自然とわかってきます。

品詞			例字（読みは代表的なもの）
名詞			君子《くんし》・大丈夫《だいぢやうぶ》
代名詞	人称代名詞	一人称	我《われ》・吾《われ》・余《よ》・予《よ》

	二人称	汝《なんぢ》・若《なんぢ》・爾《なんぢ》・而《なんぢ》
	三人称	彼《かれ》
	指示代名詞	是《こレ》・此《こレ》・之《これ》・其《そレ》・彼
動詞		有《あり》・為《なス》
形容詞		寡《すくなシ》・少《わかシ》
副詞	程度	頗《すこぶル》・甚《はなはダ》・殆《ほとんド》
	様態	徐《おもむろニ》・徒《いたづらニ》・自《みづから》
	時間	嘗《かつテ》・暫《しばらク》・屢《しばしば》
	否定	不《ず》・弗《ず》・未《いまダ》《ず》
	疑問・反語	何《なんゾ》・安《いづクンゾ》・豈《あニ》
	その他	蓋《けだシ》・唯《ただ》・固《もとヨリ》
接続詞		而《しかうシテ》・然《しかルニ》・則《すなはチ》
感動詞		嗚呼《ああ》・噫《ああ》・嗟呼《ああ》
前置詞		以《もつテ》・為《ために》・於《おイテ》
助動詞	可能	可《ベシ》・能《よク》・得《う》
	当然・義務・適当	当《まさニ》《ベシ》・応《まさニ》《ベシ》・宜《よろシク》《ベシ》
	推量・意志・願望	将《まさニ》《す》・且《まさニ》《す》・敢《あヘテ》

	使役	使《しム》・令《しム》
	受身	見《る》・被《る》
助詞	文頭	夫《そレ》
	文中	之《の》・者《もの》・所《ところ》・也《や》
	文末	也《なり》・矣・焉（断定） 乎《や》・哉《や》・也《や》・邪《や》（疑問・反語） 耳《のみ》・爾《のみ》・已《のみ》（限定）

品詞説明

代名詞

名詞の代わりに使います。指示代名詞は物も事も人も指します。「指示詞」という呼び方もあります。

例 道《みちびクニ》レ**之**《これヲ》以《テシ》レ政《まつりごとヲ》（之を道くに政を以てし）

↓「之」は人民を指す。また否定文では、代名詞が目的語になる場合、動詞の上にくる。

例 **我**《ハ》未《いまダ》二**之**《ヲ》見《ル》一也（我は未だ之を見ざるなり）

↓原則は動詞＋目的語（↓満点のコツ その11 p.109）だが、目的語「之」＋動詞「見」になる。

副詞

単独で用いられることはなく、下の動詞・形容詞・助動詞を修飾します。

例 世人**甚**《はなはダ》愛《あいス》二牡《ぼ》丹《たんヲ》一（世人甚だ牡丹を愛す）

↓「甚」が「愛」を修飾する。

例 **不**二肯《あヘテ》一《ひとタビモ》過《とほサ》レ目《ヲ》（肯へて一たびも目を過さず）

↓「不《ず》」が「過」を修飾する。

※古文では「ず」は助動詞なので、書き下し文では「ず」とひらがなで記します。

接続詞

語句と語句、節と節を結びつけて、両者の関係を説明します。

例 富《ト》**与**《ハ》レ貴、是《レ》人之所レ欲《スル》也（富と貴とは、是れ人の欲する所なり）

↓「与《と》」が「富」と「貴」を対等の関係で結びつける。

※古文では「と」は助詞なので、書き下し文では「と」とひらがなで記します。

例 忠言《ハ》逆《さかラヘドモ》二於耳《ニ》一、**而**利《アリ》二於行《ニ》一（忠言は耳に逆らへども、行に利あり）

↓「而」が前後を逆接でつなぐが置き字として読まず、直前の「逆」を「逆らへども」と読む。

前置詞

名詞・代名詞の上に置かれて句をなし、動詞などとの関係を示します。

例 貪《むさぼル》二**於**財貨《ヲ》一（財貨を貪る）

↓「於」は、名詞「財貨」が動詞「貪」の対象であることを表す。「於」は置き字として読まず、代わりに「財貨」に送りがな「を」を置く。

例 **因**《よりテ》レ風《ニ》想《おもフ》二玉《ぎよく》珂《かヲ》一（風に因りて玉珂を想ふ）

↓「因」は、名詞「風」が「想」の原因であることを表す。〝風の音によって参内の馬車の鈴の音かと思い及ぶ〟の意。

助動詞

動詞の上に置かれて（あいだに他の語句をはさむこともある）、動詞にいろいろな意味を加えます。

例 誰《たれカ》**能**《よク》出《いヅルニ》不《ラン》レ因《よラ》レ戸《ニ》（誰か能く出づるに戸に因らざらん）

↓「能」が動詞「出」に可能の意を加える。「因」は動詞の用法。〝誰が戸口を通らないで外に出ることができようか、いや誰もできない〟の意。

例 **敢**《あヘテ》問《フ》レ死《ヲ》（敢へて死を問ふ）

↓「敢」が動詞「問」に〝強いて〜。進んで〜〟の意を加える。

※古文では助動詞は動詞の下にきますので、逆になります。

❖助詞

主格・連体修飾格や名詞句を作るなど、文の構造に関わったり、強意や疑問や詠嘆など、話し手の感情や態度を表したりします。なお古文では助詞は付属語となり、文頭にくることはありません。

例 必《ズ》**也**《や》正《サン》レ名《ヲ》**乎**《か》（必ずや名を正さんか）＝ぜひとも名を正すことかな

↓「也」は副詞「必」を強調する。「乎」は詠嘆の意を表す。

例 求《メン》三吾《わが》**所**《ヲ》二大《イニ》欲《ほっスル》一 **也**（吾が大いに欲する所を求めん）

↓「所」のはたらきによって「所大欲」が名詞句になる。「也」は断定の意を表す。

例 復《また》聚《あつムルニ》二 其《その》騎《ヲ》一、亡《うしなヒシ》二 其《ノ》両 騎《ヲ》一 **耳**（復た其の騎を聚むるに、其の両騎を亡ひしのみ）

↓「耳《のみ》」が限定の意を表す。〝再び騎馬の兵士を集めると、わずかに二騎を失っただけであった〟の意。古文では「のみ」は助詞なので、書き下し文では「のみ」とひらがなで記す。

※複数の品詞で用いられる語があります。（**例**「之」→助詞「の」・代名詞「これ」・動詞「ゆク」）

※いわゆる**置き字**（＝漢文を訓読する際、習慣的に読まない字）は、接続詞・前置詞・助詞のいずれかに分類されます。読まない、書き下し文で書かない、字が難しい、といった理由でつい無視しがちですが、文の構造を把握したり、微妙な意味を読み取ったりする上で、とても大切な役割を果たします。置き字に関心をもってもらうために、主な置き字をあげます。最低限これだけは覚えておきましょう。

接続詞 「而《ジ》」→ **重要語法 その10** p95

前置詞 「於《オ》」「于《ウ》」「乎《コ》」→ **重要語法 その6** p65

助詞 断定の助詞「也《ヤ》」「矣《イ》」「焉《エン》」（このうち「也」だけは「なり」と読むことが多い）
疑問・反語・詠嘆の助詞「也」「乎」「哉《サイ》」「邪《ヤ》」（「か・や・かな」と読むこともある）
→ **重要語法 その8** p82

第1講　再読文字

最も多く出題されてきた句法の一つに**再読文字**があります。再読文字とは二度読みする漢字のことです。漢文を訓読するための技術の一つです。

主な再読文字は九つあります。このうち、**未・将・当・応・須**は、センター試験時代に読みが直接問われました。共通テストでは、**宜・将・未・当・猶**の五つを選択肢とする空所補充が出題されました（二〇二一年度・本試験第2日程）。

言うまでもありませんが、**再読文字なら必ず返り点がつきます**。**一度目は返り点を無視して読み、二度目は返り点に従って戻って読みます**。逆に返り点がついていないなら、それは設問の都合上か、それとも再読文字として読まない場合です（↓p13）。また返り点があっても再読文字でない場合があります。ややこしいですが。

再読文字は最初の読みに引かれて副詞のように見えますが、**将・且・当・応・須・宜は助動詞**で、**その実質的な意味は二度目の読みの中にあります**。例えば、「宜」は「よろしく〜（す）べし」と読みますが、どっちでも「よろしい」という意味ではなく、こうす「べきだ」という意味合いを含んでいます。「まさに〜（す）べし」と読む「当」や「応」に比べて、いくぶん柔らかい調子になるだけです。

それでは、九つの再読文字を詳しく見ていきましょう。

1　未ダ レ〜

未然

未《いま》だ〜（せ）ず

まだ〜（し）ない

2

将ニレ〜ント

推量・意志

将《まさ》に〜（せ）んとす

今にも〜（し）ようとする
今にも〜（し）ようとするつもりだ

3

且ニレ〜ント

推量・意志

且《まさ》に〜（せ）んとす

今にも〜（し）ようとする
今にも〜（し）ようとするつもりだ

※**将**と**且**は再読文字としては実質的に同じです。

4

当ニシレ〜

当然

当《まさ》に〜（す）べし

当然〜（す）べきだ
きっと〜（する）はずだ

5

応ニシレ〜

当然

応《まさ》に〜（す）べし

当然〜（す）べきだ
きっと〜（する）はずだ

※**当**と**応**は再読文字としては実質的に同じです。

6

須ラクシレ〜

必須

須《すべか》らく〜（す）べし

ぜひとも〜したい
〜する必要がある

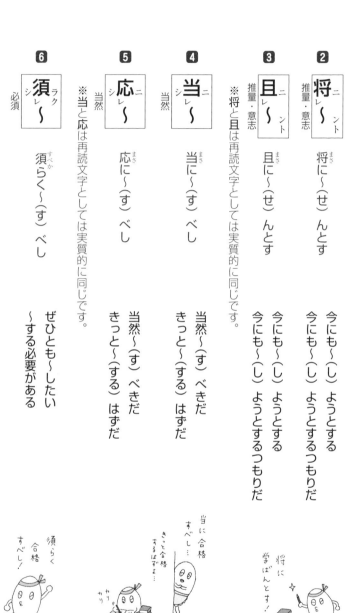

7

宜 シク シ レ ～

適当

宜《よろ》しく～（す）べし

～する方がよい
～するのがふさわしい

8

猶 ホ シ レ ～

比況

猶《な》ほ～ごとし

ちょうど～のようだ
～と同じだ

9

盍 ゾ ル レ ～

勧誘

盍《なん》ぞ～（せ）ざる

どうして～（し）ないのか
～（し）てはどうか

過ぎたるは
猶ほ及ばざるが
ごとし
zzz

盍ぞ
集中せざる？
すみません
寝ちゃい
ました…

それでは**再読文字**がどのような形で問われているのか、問題にあたってみましょう。**読み**と**解釈**に大きく分けられます。まずは**読み**の例です。

過去問チェック

「下将レ有下被二其恵一者上矣」の読み方として最も適当なものを、次の①～⑤のうちから一つ選べ。

① しもまさにそのめぐみをおほふものあらんとす
② くだらばまさにそのめぐみをかうむるものあるべし
③ しもまさにそのめぐみをおほふものあるべし
④ くだらばまさにそれめぐまるるものあらんとす
⑤ しもまさにそのめぐみをかうむるものあらんとす

（二〇〇五年度・追試験）

「将」が「有」から返る**再読文字**ですから、「まさに～あらんとす」と読みます。①・④・⑤に絞られます。

次に「被」は「其恵」を目的語とする動詞となり、①・⑤に絞られます。④は「被」を受身の助動詞にとって「めぐまるる」と読んでいますが、このように読んでいるのは④だけである点、また**受身の助動詞「被」「見」は直下に動詞を伴うのが一般的**である点から誤りと判断できます。

最後に「被」は「**被害**」「**被告**」などの熟語を考えれば、⑤の「**かうむる**（こうむる）」と読むべきだとわかります。

過去問チェック

次は再読文字が解釈にからんでくる例です。

(1) 「西 伯 将 出 猟 卜 之」の返り点の付け方と書き下し文との組合せとして最も適当なものを、次の①～⑤のうちから一つ選べ。

① 西 伯 将二出レ猟 卜一レ之　　西伯将に猟《か》りに出《い》でて之を卜《うらな》ふべし
② 西 伯 将 出 猟 卜レ之　　西伯の将出でて猟りして之を卜ふ
③ 西 伯 将 出レ猟 卜レ之　　西伯将《は》た猟りに出でて之を卜ふか
④ 西 伯 将レ出レ猟 卜レ之　　西伯猟りに出づるを将《ひき》ゐて之を卜ふ
⑤ 西 伯 将二出 猟一卜レ之　　西伯将に出でて猟りせんとし之を卜ふ

（共通テスト第1回試行調査）

(2) 「猶レ免二於 剪 伐一」の解釈として最も適当なものを、次の①～⑤のうちから一つ選べ。

① きっと切り取られるのを避けるにちがいない
② 依然として切り取られることには変わりない
③ 切り取られることから逃れようとするだろう
④ まだ切り取られずにすんだわけではないのだ
⑤ 切り取られずにすんだのと同じようなことだ

（二〇一四年度・本試験）

(3) 「然 則 学レ杜 者 当二何 如一而 可」について、(i)書き下し文・(ii)その解釈として最も適当なものを、次の各群の①～⑤のうちから、それぞれ一つずつ選べ。

(i) 書き下し文

① 然らば則ち杜を学ぶ者は何れのごときに当たらば而《すなは》ち可ならんや
② 然らば則ち杜を学ぶ者は当に何如ぞ而ち可とせんや
③ 然らば則ち杜を学ぶ者は当に何れのごとくにすべくんば而ち可なり
④ 然らば則ち杜を学ぶ者は当に何如なるべくんば而ち可なるか
⑤ 然らば則ち杜を学ぶ者は何如に当たりて而ち可ならんか

(ii) 解釈

① それならば、杜詩を学ぶ者はいったいどのようであればいいのであろうか。
② そうではあるが、杜詩を学ぶ者はどうしたらいいのかわかっているのであろうか。
③ それならば、杜詩を学ぶ者はどのようなときに対処できるのであろうか。
④ そうではあるが、杜詩を学ぶ者は本当にどのようなことも可能になるのだ。
⑤ さもなければ、杜詩を学ぶ者はどのようなときにも実力を発揮できないのではないか。

（二〇一〇年度・本試験）

(4) 「若 不 逞 丹 青、空 房 応 独 守。」の、読み方とその意味として最も適当なものを、次の①～⑥のうちから一つ選べ。

① 「若《わか》くして丹青を逞《たくま》しくせざれば、空房応《まさ》に独《ひと》り守るべし。」と読み、「若いときに絵画の腕を磨かなかったなら、夫のいない部屋でひとりぼっちでいることになっただろう。」という意味。
② 「若《わか》くして丹青を逞しくせざれば、空房に応《おう》じて独り守るのみ。」と読み、「若いときに絵画の腕を磨かなかったので、夫のいない部屋で来客の応対をしてひとり家を守っている。」という意味。
③ 「若《も》し丹青を逞しくせざれば、空房応に独り守るべし。」と読み、「もしも絵画の腕をふるわなかったなら、夫のいない部屋でひとりぼっちでいることになっただろう。」という意味。

④「若《も》しくは丹青を湿しくせずして、空房に応じて独り守るのみ。」と読み、「あるいは絵画の腕を磨かなかったせいなのか、夫のいない部屋で来客の応対をしてひとり家を守っている。」という意味。

⑤「丹青を湿しくせずして、空房応に独り守るべきが若《ごと》し。」と読み、「絵画の腕を磨かないで、夫のいない部屋でひとりぼっちでいるようなものである。」という意味。

⑥「丹青を湿しくして、空房に応じて独り守るに若《し》かず。」と読み、「絵画の腕をふるって、夫のいない部屋で来客の応対をしてひとり家を守っているほうがましである。」という意味。

（二〇〇〇年度・追試験）

(1)「西伯」は人名（周の文王）です。「将」が「まさに～んとす」と読む再読文字です。もちろん「将」には名詞「しやう」、接続詞「はた」、動詞「ひきゐる」などの用法もありますが、傍線部に含まれていれば再読文字の用法が問われているとみなしてほぼ間違いありません（ただし例外はあります）。正解は「将に出でて猟りせんとし」と書き下した⑤です。①は「べし」となっている点で誤りです。

(2)「猶」が「なほ～ごとし」と読む再読文字です。訓点に従って「猶ほ剪伐《せんばつ》を免《まぬか》るるがごとし」と書き下します。「免」は〝～しないですむ〟。「剪伐」は〝切り取る〟の意です。「於」は対象を表す前置詞になりますが、置き字として読みません。全体を直訳すると、〝ちょうど切り取られないですむようなものだ〟となります。これを「…と同じようなことだ」と解釈した⑤が正解とわかります。

(3)
(i)「当」が「何如」から返る再読文字です。「当《まさ》に〜べし」と読みますから、「当に〜べくんば」と読む③と④に絞ります。次に「何如」は「いかん」と読む疑問の副詞ですから④が正解です。③の「何れのごとく」という読みは誤りです。②は「当に〜とせん」という読みが誤り。
(ii)「然《しか》らば則《すなは》ち」は〝そうであるならば〟の意。「べくんば」は仮定形になります。「可」は形容詞で、〝よろしい〟の意。「当」以下を直訳すると、〝どのようであるべきなら、それでよいのだろうか〟となります。これに合致するのは①です。

(4)
返り点がついていないために一見難しそうですが、再読文字に着目すればそうでもありません。「応」が「守」から返る再読文字です。「独」はいずれの選択肢も「独《ひと》り」と読んでいますから、「応独守」は「応《まさ》に独《ひと》り守るべし」と読みます。①・③・⑤に絞られます。

次に「応」の意味（＝〝〜はずだ。きっと〜だろう〟）から⑤がはずれます。

後は「若不逞丹青」が仮定形になりますから、「若」は「もシ」と読みます。よって③が正解です。

ちなみに「若」は、漢文では「わかシ」とは読みません。「若」を〝わかい〟の意とするのは日本独自の用法です。

満点のコツその4　再読文字は結び方に注目

- 再読文字は二度目の読み方がねらわれる。
- 特に「んとす」＝「将・且」と「べし」＝「当・応・須・宜」の読み分けに注意。
- また、解釈がからむ場合も、この二度目の読みをふまえて判断しよう。

第2講 使役

使役形も設問で頻出する句形です。基本的な句形であることと、**人物関係の把握や解釈**などに大きく関わることがその理由です。**使役形には次の三パターンがあります。**

1 使役の助動詞「**使・令・教・遣**」

使《ム》二A《ヲシテ》〜一	Aをして〜(せ)しむ	Aに(を)〜させる
令《ム》二A《ヲシテ》〜一	Aをして〜(せ)しむ	Aに(を)〜させる

※必ず動詞から返って「しム」と読みます。
※Aの部分が省略される場合もあります。
※「しム」の活用は、しメ／しメ／しム／しムル／しムレ／しメヨ　です。
例 使《ム》二我《ヲシテ》悲《シマ》一（我をして悲しましむ）＝私を悲しませる

2 使役形を作る動詞「**命・教・遣**」

命《ジテ》レA《ニ》〜《シム》	Aに命じて〜(せ)しむ	Aに命令して〜させる

教《ヘテ》レA《ニ》～《シム》　Aに教へて～（せ）しむ　Aに教えて～させる

遣《ハシテ》レA《ヲ》～《シム》　Aを遣はして～（せ）しむ　Aを派遣して～させる

※他に「説《とキテ》（＝説得して）」「召《せうシテ》（＝呼んで）」なども使役形を作ります。

3 文脈から

～《シム》レA《ヲ》　Aを～（せ）しむ　Aに（を）～させる

※使役形ではありませんが、「～」の部分にある動詞に必要に応じて「しむ」をつけます。

※この場合、「Aをして」とは読まず、「Aを」と読むのが慣例です。

例 傷《いたマシム》レ心《ヲ》（心を傷ましむ）＝心を悲しませる

過去問チェック

それでは使役形がどのように問われているのか、問題の実例にあたってみましょう。

(1)「夫人之有一能而使後人尚之如此」の返り点の付け方と書き下し文との組合せとして最も適当なものを、次の①～⑤のうちから一つ選べ。

① 夫人之有二一能一而使二後人一尚レ之如レ此
　夫《か》の人の一能有りて後人を使ひて此《か》くのごとく之を尚《たつと》ぶ

② 夫人之有二一能一而使二後人尚一レ之如レ此

夫の人を之れ一能有れば而《すなは》ち後人をして此くのごときに之《ゆ》くを尚ばしむ

③　夫人之有二一能一而使二後人尚一レ之如レ此
夫《そ》れ人の一能有りて後人をして之を尚ばしむること此くのごとし

④　夫人之有下一能而使二後人尚一レ之如上此
夫れ人を之れ一能にして後人をして之を尚ばしむること此くのごとき有り

⑤　夫人之有下一能而使二後人一尚レ之如上此
夫れ人の一能にして後人を使ひて之を尚ぶこと此くのごとき有り

（二〇二一年度・本試験第2日程）

(2)　「必欲使之在尊貴之所」について、(a)返り点の付け方と書き下し文、(b)その解釈として最も適当なものを、次の各群の①〜⑤のうちから、それぞれ一つずつ選べ。

(a)
① 必欲レ使レ之在二尊貴之一所　必ず之を使はんと欲するは尊貴の在る所なり
② 必欲レ使三之在二尊貴之所一　必ず之をして尊貴の所に在らしめんと欲す
③ 必欲三使之在二尊貴之所一　必ず使ひの尊貴の所に在らんことを欲す
④ 必欲三使レ之在二尊貴一之所　必ず之を使ひて尊貴に在らんと欲するの所なり
⑤ 必欲使三之在二尊貴一之所　必ず欲して之をして尊貴に在らしむるの所ならん

(b)
① 必ず教え子を高い地位につかせてやりたいと思う。
② 必ず教え子を高官のもとに派遣したいと思う。
③ 必ず教え子を皇帝の役に立つ人物にしたいと思う。
④ 教え子をなんとかして出世させたいと思った結果である。
⑤ 教え子に正しい教育を施してやりたいと思う理由である。

（二〇〇二年度・本試験）

(1) 「**使**」が設問部分にある以上、**使役の助動詞**とみるべきです。すなわち「後人をして之を尚ばしむ」と読み（「之」は「これ」と読み「尚」の目的語となる）、③・④に絞ります。次に「而」は接続詞ですから、③のように「一能有りて……」と読むのが適当とわかります。④の「人を之れ一能にして……」はいかにも不自然な読みです。

(2) (a) 「**使**」が使役の助動詞で、その直後の「之」が使役の対象となり、「之《これ》をして」と読みます。よって②と⑤に絞ります。「欲」は「～を欲す」または「～(せ)んと欲す」となって、下にその目的語などがくる**返読文字**（→重要語法その3 p27）です。よって②が正解です。⑤の「欲して」という読みは疑ってかかるべきです。

(b) (a)の②を直訳すると、〝必ずこれを高貴な所に存在させたいと思う〟となります。選択肢は①～③に絞られ、その中から「つかせて」と使役に訳した①が正解になります。

第3講　受　身

受身形はそれほど頻繁には問われていませんが、**本文の解釈に関わる大切な句形**です。次の五パターンがあります。

1 受身の助動詞「見・被」

見《ら》ルレ～	～（せ）らる	～（さ）れる
被《ら》ルレ～	～（せ）らる	～（さ）れる

※動詞の未然形から返って「る」または「らる」と読みます。

※四段活用・ナ変・ラ変動詞のようにア段の音で終わる未然形から返るときは「る」、その他の動詞の未然形から返るときは「らる」と読みます。「る」「らる」の活用は次の通りです。

る　れ／れ／る／るル／るレ／れヨ

らる　らレ／らレ／らル／らルル／らルレ／らレヨ

2 「為・所」の形

為《な》ル二**A**ノ**所**ト一レ～	Aの～（する）所《ところ》と為《な》る	Aに～（さ）れる

※「為《ため》ニレAノ所《ら》ルレ～」（Aの為に～（せ）らる）と読むこともあります。

※「為」または「所」が省略されることもあります。

3 前置詞「於」

～ラル二於Aニ一

Aに～（せ）らる　　Aに～（さ）れる

※「於」の代わりに「于」「乎」が使われることもあります。

4「見・於」の形

見《らル》レ～二於Aニ一

Aに～（せ）らる　　Aに～（さ）れる

※「見」の代わりに「被」「所」が使われることもあります。

5 文脈から

～ラル

～（せ）らる　　～（さ）れる

※受身形ではありませんが、「～」（動詞）に必要に応じて「る・らる」をつけます。

※「Aが～（さ）れる」という場合は、「A～ラル」という形になります。

例 蜚《ひ》鳥《てう》盡《つキテ》　良弓《りやうきゆう》蔵《をさメラル》　（蜚鳥盡きて良弓蔵めらる）＝飛んでいる鳥が射尽くされると良弓はしまわれる

それでは**受身形**が問われた例を見てみましょう。

過去問チェック

(1) 「有蛇螫殺人、為冥官所追議、法当死」の返り点の付け方と書き下し文との組合せとして最も適当なものを、次の①～⑤のうちから一つ選べ。

① 有㆑蛇螫殺㆑人、為㆔冥官所㆓追議㆒、法当㆑死
蛇有りて螫《か》みて人を殺し、冥官の追議する所と為《な》り、法は死に当たる

② 有㆑蛇螫殺㆑人、為㆓冥官所追議㆒、法当㆑死
蛇有りて螫みて人を殺さんとし、冥官の所に追議を為すは、死に当たるに法《のつと》る

③ 有㆑蛇螫殺人、為㆓冥官㆒所㆓追議㆒、法㆑当㆑死
蛇有りて螫まれ殺されし人、冥官と為りて追議する所は、死に当たるに法る

④ 有㆓蛇螫㆒殺人、為㆔冥官所㆓追議㆒、法㆑当㆑死
蛇の螫むこと有らば殺す人、冥官の追議する所の為《ため》に、死に当たるに法る

⑤ 有㆑蛇螫殺人、為冥官所㆓追議㆒、法当㆑死
蛇有りて螫まれ殺されし人、為に冥官の追議する所にして、法は死に当たる

（二〇一二年度・本試験）

(2) 「奪《ハレテ》㆓於公論《ニ》㆒」の傍線部の助字「於」と同じ用法のものを、次の①～⑤のうちから一つ選べ。

① 青出㆓於藍㆒。
② 良薬苦㆓於口㆒。
③ 苛政猛㆓於虎㆒。
④ 君子博学㆓於文㆒。
⑤ 先則制㆑人、後則制㆓於人㆒。

（一九九一年度・本試験）

(1)「為冥官所追議」が**受身形**です。「冥官《めいくわん》の追議する所と為《な》る」と書き下しますから、文句なしに①が正解です。人を殺した毒蛇があの世の裁判官によって罪を裁かれ、死罪となったという内容です。なおいずれの選択肢も「当」を再読文字ととらず、単に「当たる」と動詞で読んでいるのは文脈上の理由からです。

重要語法その5 「所」の用法

名詞句を作る　**所**レ～　～(する)所　＝～する（される）もの・こと

形容詞句を作る　**所**ノレ～A　～(する)所のA　＝～する（される）A

受身形を作る　**為**ル二Aノ**所**トレ～　Aの～(する)所と為る＝Aに～される

熟語を作る　**所以**《ゆゑん》＝理由・手段　**所謂**《いはゆる》＝いわゆる

(2)「公論に奪はれて」と読みますから、「於」は**受身**の用法で、「公論」が受身の動作主であることを表しています。この「於」はすべての選択肢と同じく前置詞としてはたらいています。それでは各選択肢を吟味しましょう。

① 青は藍《あゐ》より出づ（＝青は藍から作られる）→**起点**

② 良薬は口に苦《にが》し（＝よい薬は口に苦く感じる）→**場所**

③ 苛政《かせい》は虎よりも猛《まう》なり（＝過酷な政治は虎よりも残酷だ）→**比較**

④ 君子は博《ひろ》く文を学ぶ（＝君子は広く学問を修める）→**対象**

⑤ 先んずれば則ち人を制し、後るれば則ち人に制せらる（＝物事は人より先んじて行えば人を思い通りに動かせるが、人に遅れをとると人に思い通りにされてしまう）→**受身**

よって⑤が正解です。このように前置詞「於」にはさまざまな用法があり、それ自体は訓読しなくても直後の語の送りがなに影響を与えます。前後の文脈を把握することでどの用法であるかがわかります。

重要語法その6 主な前置詞の用法

「於」「以」「為」「自」「与」…

▼於・于・乎

前置詞「於・于・乎」はふつう置き字として読まず、代わりに傍点（、）のように補読します。なお「於」は「おイテ」「おケル」と読むこともあります。

場所　行《ク》二**於**山中《ヲ》一（山中を行く）

時間　自《より》レ古《いにしへ》至《ルマデ》二**於**今《ニ》一（古より今に至るまで）

相手　己《ノ》所《ハ》レ不レ欲《セ》、勿《なカレ》レ施《ス》二**於**人《ニ》一（己《おのれ》の欲せざる所は、人に施す勿かれ）

対象　患《うれヘン》二**於**喪《うしなヘルヲ》一乎（喪へるを患へんや）

起点　出《ヅ》二**於**之《ヨリ》一（之《これ》より出づ）

比較　霜葉《ハ》紅《ナリ》二**於**二月《ノ》花《ヨリモ》一（霜葉《さうえふ》は二月の花よりも紅なり）

受身　不レ信《ゼラレ》二**於**親戚朋友《ニ》一（親戚朋友《ほういう》に信ぜられず）

原因・理由　驕《けう》慢《まんハ》生《ジ》二**於**富貴《ニ》一（驕慢は富貴《ふうき》に生じ）

▼以（ヲもつテ・もつテ）

手段・方法　**以**《テ》レ管《くだヲ》窺《うかがフ》レ天《ヲ》（管を**以て**天を窺ふ）

原因・理由　君子《ハ》不二**以**《テ》レ言《ヲ》挙《ゲ》レ人《ヲ》（君子は言《げん》を**以て**人を挙げず）

身分・資格　**以**《テ》レ臣《ヲ》弑《しいスル》レ君《ヲ》（臣を**以て**君を弑する）＝臣下の身でありながら主君を殺す

※「**以**《テ》レA《ヲ》B《スル》（AをもってBする）」の倒置形「B《スルニ》**以**《テス》レA《ヲ》（BするにAを以てす）＝BするにはAを用いる」に注意。

例　道《みちビクニ》レ之《これヲ》**以**《テス》レ徳《ヲ》（之を道びくに徳を**以て**す）

※「**以**《テ》レA《ヲ》**為**《ス》レB《ト》（Aを以てBと為す）＝AをBとみなす・思う」の句形が重要。
※「以A」の「A」は省略されることが多い。
※「以」を接続詞として扱うこともある。
例 生《いキテ》 **以**《テ》辱《はづかしメラルルハ》　不レ如《しカ》二死《しシテ》 **以**《テ》栄《アルニ》一（生きて**以て**辱めらるるは死して**以て**栄あるに如かず）

▼**為**（ガため二・ノため二）
原因・理由　千人唱《となへ》万人和《わスレバ》、山陵 **為**《ためニ》レ之《これガ》震動《ス》（千人唱へ万人和すれば、山陵之が**為に**震動す）
目的・対象　士《ハ》 **為**《ニ》二知《ル》レ己《おのれヲ》者《ノ》一死《ス》（士は己を知る者の**為に**死す）

▼**自**（より）
起点（空間）　吾《われ》 **自**《より》レ衛 反《かへリ》レ魯《ろニ》（吾衛**より**魯に反り）
起点（時間）　**自**《リ》レ古《いにしへ》 皆 有《リ》レ死（古**より**皆死有り）

▼**与**（と）
対象　**与**二朋 友一交《ハル》（朋友**と**交はる）（→**重要語法 その11** p97）

第4講　単純否定

否定形にはさまざまな形がありますが、整理して覚えることが大切です。これまでもよく問われてきました。第4講から第6講にかけて、**単純否定・二重否定・部分否定**の三つに分けて説明します。

1 基本形

不レ〜　〜(せ)ず　〜(し)ない（**動作・状態の否定**）

※「**不**」は**下の用言（動詞や形容詞）を否定**します。※「**弗**」が使われることもあります。

※「ず」は左のように活用します（「〇／(に)／〇／ぬ／ね／〇」系列は漢文では使いません）。
ざラ／ざリ・ず／ず／ざル／ざレ／ざレ

非ズレ〜ニ　〜に非《あら》ず　〜ではない（**判断の否定**）

※「**非**」は**下の体言を判断として否定**します。※「**匪**」が使われることもあります。

※「〜にあらず」の「に」は断定の助動詞「なり」の連用形です。

無シレ〜　〜(する)(こと・もの)無《な》し　〜がない（**存在の否定**）

※「**無**」は**下の体言の存在を否定**します。※「なカレ」と禁止で読む場合があります。

※「**莫**」「**勿**」「**毋**」が使われることもあります。

※「不」「非」「無」などを「否定詞」と分類することもあります。

2 特殊な形

不《ず》レ可《ベカラ》レ～　～（す）べからず　～（し）てはいけない

不《ず》レ能《あたハ》レ～　～（する）（こと）能《あた》はず　～できない

※「能」は肯定文では「よク」と読みます。

不《ず》二敢《あヘテ》～一　敢へて～（せ）ず　決して～（し）ない／進んでは～（し）ない

※敢不レ～　敢へて～（せ）ざらんや　は反語形＝どうして～（し）ないだろうか

不《ず》レ勝《たヘ》レ～ニ　～に勝へず　～にたえられない

過去問チェック

それでは問題を見てみましょう。

(1)「事之不レ可レ知如レ此」の解釈として最も適当なものを、次の①～⑤のうちから一つ選べ。

① この地で知人を見つけられない事のいきさつは、このようである。
② 事の善悪を自分勝手に判断してはいけないのは、このようである。
③ 自分の事が他人に理解されるはずもないのは、このようである。
④ これから先に起こる事を予測できないのは、このようである。

⑤　努力しても事が成就するとは限らないのは、このようである。

（二〇一三年度・本試験）

---

(2)　「勿カレ三遽《にはか》ニ取二捨スル於其ノ間一ニ。」とはどういう意味か。最も適当なものを、次の①〜⑤のうちから一つ選べ。

①　性急にあれこれの説のよしあしを決めてはいけない。
②　あわててあれこれの説にまどわされない方がよい。
③　あわてるとあれこれの説から正解をとり出すことができない。
④　いきなりあれこれの説から結論を導き出せるはずがない。
⑤　性急のあまりあれこれの説の要点を見落としてはいけない。

（一九九一年度・本試験）

---

(1)　「**不可**」が否定形で、「〜べからず」と読みます。「之」は「知」の目的語である「事」の倒置を表す助詞。本来なら「知」の下にくるべき「事」を上にして強調しています。「如此」は「かくのごとし」と読みます。全体で「事を之《これ》知るべからざるは此くのごとし」と書き下します。「**不可**」は〝〜できない〟または〝〜してはならない〟の意ですから、〝物事を知ることができないのはこのようである〟または〝物事を知ってはならないのはこのようである〟と直訳できます。この直訳から考えて、前者をふまえた④が正解とわかります。もちろん前後の文脈も確認する必要があります。①は「知人」、②は「善悪を…判断してはいけない」、③は「理解されるはずもない」、⑤は「成就するとは限らない」が誤りです。

(2)　訓点から「遽に其の間に取捨する勿かれ」と書き下すことがわかります。「**勿かれ**」は禁止を表しますから①と⑤に絞られ、「取ったり捨てたりしてはいけない」というのですから、「よしあしを決めてはいけない」と説明した①が正解です。

なお、置き字の「於」は場所を示す用法（→ 重要語法 その6 p65）です。

重要語法その7 「之」の用法

の　**助詞**　**連体修飾格**や**主格**
例 父母之年（父母**の**年）

これ（コレ）
代名詞
例 知ルレ之ヲ者（**之**《これ》を知る者）
例 為ル二之ガ民ト一（**之**《これ》が民と為《な》る）

助詞　**倒置**・**強調**を示す
例 何ノ難キコトカ之レ有ラン（何の難きことか**之**《こ》**れ**有らん）＝難しいことなど何もない（「有」と「難」の倒置）
例 父母ニハ唯《た》ダ其ノ疾《やま》ヒヲ之レ憂ヘシメヨ（父母には唯だ其の疾ひを**之れ**憂へしめよ）＝父母にはただ自分の病気だけを心配させるようにしなさい
（「憂」と「疾」の倒置）

ゆク　**動詞**
例 之キテ二三子ニ一告グ（二三子に**之**《ゆ》**き**て告ぐ）

満点のコツその5 解釈は直訳が基本

- 意味（解釈）を問う設問（例「〜の解釈として」「〜の意味として」）に対しては、まず**読み**や**句形**に注意しながら**傍線部全体を直訳**し、それをもとに選択肢を吟味する。
- 例えば直訳が使役形なら意味（解釈）も使役形になる。
- ただし内容を問う設問（例「〜の説明として」「〜はどのようなことを言うのか」）はこの限りでない。

第5講　二重否定

二重否定では、否定詞を重ねることで強い肯定表現が生まれます。

1 基本形

無《シ》レ不《ざルハ》レ～　～（せ）ざるは無し　～しないものはない

例 於《イテ》レ物《ニ》無《キ》レ不《ルハ》レ陥《かんせ》也（物に於いて陥せざるは無きなり）＝どんな物でも突き通せないものはない

無《シ》レ非《ザルハ》レ～《ニ》　～に非ざるは無し　～でないものはない

非《ズ》レ不《ざルニ》レ～　～（せ）ざるに非ず　～（し）ないわけではない

2 特殊な形

不《ず》レ可《ベカラ》レ不《ざル》レ～　～（せ）ざるべからず　～（し）なければならない

未《ダ》《ず》二嘗《テ》不《ずンバアラ》一レ～　未《いま》だ嘗《かつ》て～（せ）ずんばあらず　まだ一度も～（し）ないことはない

例 未《ダ》《ル》二嘗《テ》不《ンバアラ》一レ得レ見《ルコトヲ》也（未だ嘗て見ることを得ずんばあらざるなり）

＝いまだお目にかかれなかったことはない

※「ず」から「ず」へ返る場合は「**ずんばあらず**」と読みます。

※「**不非～**」は「～**にあらずんばあらず**（＝～でないことはない）」です。

※また「**不無～**」は「～**なくんばあらず**（＝～がないわけではない）」と読みます。

3 否定語二つの間に〝どんなAでも〟を表す語が入るもの

無《シ》㆓A《トシテ》不《ざルハ》㆑～　　Aとして～（せ）ざるは無し　　どんなAでも～（し）ないものはない

例 無《シ》㆓物《トシテ》不《ルハ》㆑長《ぜ》（物として長ぜざるは無し）＝どんな物でも生長しないものはない

不《ず》㆓A《トシテ》不《ンバアラ》㆑～　　Aとして～（せ）ずんばあらず　　どんなAでも～（し）ないことはない

▼二重否定に似た形をあげます。**3**の形とそっくりなので、文脈をよく見て間違えないようにしましょう。

不《ンバ》㆑～不㆑～　　～（せ）ずんば（せ）ず　　～（し）ないなら～（し）ない

例 度《はかリテ》不《ずンバ》㆑中《あたラ》不《ず》㆑発《はっせ》（度りて中らずんば発せず）＝距離を測って命中しないなら発射しない

非《ズンバ》㆑～《ニ》不㆑～　　～に非ずんば～（せ）ず
～に非ざれば～（せ）ず　　～でないなら～（し）ない

例 非《ズンバ》㆓其《ノ》君《ニ》㆒不《ず》㆑事《つかへ》（其の君に非ずんば事へず）＝自分が仕えるべき君主でないなら仕えない

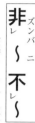

無《クンバ》レ～不レ～

～無くんば～(せ)ず
～無ければ～(せ)ず
～がないなら～(し)ない

※以上の三者の後半の「不」は「非」・「無」になる場合もあります。

無クレAト無クレBト

Aと無くBと無く
AとBの区別なくみな

例 無ク二衆《しゅう》寡《くわ》ト一無ク二大《だい》小《せう》ト一（衆寡と無く大小と無く）＝多少・大小の区別なくみな

それでは問題を見てみましょう。

過去問チェック

(1) 「□嘆絶」は「みな感嘆した」という意味になる。空欄□に入る二字として最も適当なものを、次の①～⑤のうちから一つ選べ。

① 可以　② 何如　③ 不若　④ 無不　⑤ 未必

（二〇一七年度・追試験）

(2) 「人莫レ不レ称二其徳一矣」の書き下し文と解釈の組合せとして最も適当なものを、次の①～⑤のうちから一つ選べ。

① 人其れ徳を称せずんば莫し
　人々はだれもが周子の徳をほめたたえた。
② 人其の徳を称せざる莫し
　人々はみな蓮の持つ徳性をほめたたえた。
③ 人其れ徳を称せずんば莫からん

人々は君子の徳をほめたたえるだろう。

④ 人其の徳と称《かな》はざるもの莫し

人には蓮の持つ徳性に匹敵するものがない。

⑤ 人其れ徳に称《かな》はざる莫からんとす

人々は蓮の持つ徳性に劣らぬようにする。

(二〇〇九年度・追試験)

(3) 「無㆘一不㆑可㆑資㆓人採択㆒者㆖」の書き下し文と解釈の組合せとして最も適当なものを、次の①～⑤のうちから一つ選べ。

① 一《いつ》として人の採択するに資すべからざる者無かれ

一人残らず蓮を採集する作業をしなければならない。

② 一として人に採択を資すべからざる者無からん

蓮で利益を得られない人は一人もいないだろう。

③ 一として人の採択に資するも可とせざる者無からん

蓮を人に贈ることを悪いという者は一人もいない。

④ 一として人の採択を資するに可とせざるは無し

人はだれでも蓮を採集してよいという気持ちになる。

⑤ 一として人の採択に資すべからざる者無し

蓮はどこの部分であれ採集すれば必ず人の役に立つ。

(二〇〇九年度・追試験)

(4) 「非 礼 不 行」の返り点の付け方と意味の組合せとして最も適当なものを、次の①～⑤のうちから一つ選べ。

① 非二礼不一レ行　　礼法が行われないものはない。
② 非二礼不一レ行　　礼法を行わないわけではない。
③ 非二礼不一レ行　　礼法が行われないことを非難した。
④ 非レ礼不レ行　　礼法を否定して行わなかった。
⑤ 非レ礼不レ行　　礼法に合わないことは行わなかった。

（二〇〇一年度・追試験）

(1) 基本の二重否定「**無不**」の句形で、④が入ります。「嘆絶せざるは無し」と書き下します。

(2) **二重否定「莫不」**の句形です。「莫」は「無」に同じ。「〜ざるは莫し」と読みますから、「**称せざる莫し**」（「は」を省略）と書き下す②が正解です。「みな…」という解釈も適当です。

(3) **二重否定「無A不〜」**（Aは名詞）の句形です。ふつう「Aとして〜ざるは無し」と読みますが、ここはいったん「不」から文末の「者（＝もの・こと）」に飛んで、それから「無」に返りますから、「〜ざる者無し」と読みます。「不可」の読みは「〜べからず」です。全体を直訳すると、〝どんな一つでも人の採択に資すことのできないものはない〟となります。よって⑤が正解です。①・②は読めないことはないですが、「者」を人に解釈している点で誤りです。

(4) うっかりして①〜③のように「礼として行はずんば非ず」と読んでしまいがちですが、もしそうなら〝どんな礼法でも…〟という意味になります。ここは「礼に非ずんば（非ざれば）行はず」と読みます。〝礼法でなければ行わない〟と直訳できますから、⑤が正解です。

第6講 部分否定

部分否定は「不必」のように**「否定詞＋副詞」**の形をとります。これに対して**全部否定**は「必不」のように**「副詞＋否定詞」**の形をとります。一見すると混同しそうですが、**否定詞は下の語句を否定する**という大原則を忘れなければその心配はありません。「不必」なら「必」が否定されますが、「必不」なら「必」は否定されません。

ただ、部分否定と全部否定とでは**副詞の読みが変わる**場合がありますから、その点は注意しなければなりません。

それでは、主な**部分否定**の形を以下に示します（部分否定で使われる否定詞はほとんどが「不」です）。

不㆓必《ズシモ》～㆒　必ずしも～（せ）ず　きっと～（する）とは限らない

※全部否定は「必不㆑～」必ず～（せ）ず＝きっと～（し）ない

※反語形の「何必～」何ぞ必ずしも～（せ）んや　も意味的には「不必～」と同じ。

※「未㆓必～㆒」未だ必ずしも～（せ）ず　も部分否定の形です。

不㆓復《タ》～㆒　復《ま》た～（せ）ず　二度と～（し）ない　もはや～（し）ない

※全部否定は「復不㆑～」復た～（せ）ず＝今度も～（し）ない

※「不㆓復～㆒」には回数とは無関係な用法「もはや～（し）ない」があります。

不㆓常《ニハ》～㆒　常には～（せ）ず　いつも～（する）とは限らない

※全部否定は 常不レ～ 常に～(せ)ず＝いつも～(し)ない

不二倶《ニハ》～一 倶《とも》には～(せ)ず 両方とも～(する)とは限らない

※全部否定は 倶不レ～ 倶に～(せ)ず＝両方とも～(し)ない

不二皆《ハ》～一 皆は～(せ)ず 皆～(する)とは限らない

※全部否定は 皆不レ～ 皆～(せ)ず＝皆～(し)ない

過去問チェック

それでは問題を見てみましょう。

(1) 「不必与人斉同」の書き下し文として最も適当なものを、次の①～⑤のうちから一つ選べ。

① 必ず人の斉同なるに与《くみ》せず。
② 必ず人の斉同なるに与《あづか》らず。
③ 必ずしも人に斉同なるを与へず。
④ 必ずしも人と斉同ならず。
⑤ 必ずしも人より斉同ならず。

（二〇一六年度・追試験）

(2) 「不二復 省レ花」から読み取れる筆者の状況を説明したものとして最も適当なものを、次の①～⑤のうちから一つ選べ。

① 筆者は政変に際して黄州に左遷され、ふたたび海棠を人に委《ゆだ》ねることになった。

② 筆者は政変に際して黄州に左遷され、もう一度海棠を移し替えることができなかった。
③ 筆者は政変に際して黄州に左遷され、それきり海棠の花を見ることがなかった。
④ 筆者は政変に際して黄州に左遷され、またも海棠の花見の宴を開く約束を果たせなかった。
⑤ 筆者は政変に際して黄州に左遷され、二度と海棠の花を咲かせることはできなかった。

（二〇一三年度・本試験）

(1) 「**不必**」が部分否定ですから、「**必ずしも〜ず**」とある③〜⑤に絞ります。「**斉同**」は〝等しい〟の意です。また、他人の言うことに左右されてはならないという内容が後に続きます。したがって「与」は前置詞となって「と」と読むのが適当とわかります（→**重要語法その11** p97）。④が正解で、〝他人と同じである必要はない〟の意です。

(2) 「復《ま》た花を省《かへり》みず」と書き下します。「**不復**」は〝二度と〜ない〟（選択肢⑤）と、回数に関係のない〝もはや〜ない〟（選択肢③）の二つの意味があります。ここは文脈上、後者になります。「省」は動詞で、「かへりミル」と「はぶク」の読みがありますが、「花」から返る点を考慮して前者で読みます。この語の意味から考えて、「**それきり海棠の花を見ることがなかった**」と説明した③が正解です。

満点のコツその6　アプローチの仕方は複数ある

- 傍線部の意味（解釈）問題はいろいろな要素がからんでいる。
- **句形、単語、前後の文脈**など、さまざまな要素をおさえて選択肢を絞ることが大切である。

第7講 疑問

疑問・反語形は最も多く問われています。「**疑問・反語**（さらには**詠嘆**）」とひとまとめに言うのは、基本的に同じ副詞や助詞が使われるからです。すなわち、それらの副詞や助詞は、文脈によって疑問になったり反語になったり、詠嘆になったりもします。したがって、他の句形に比べてやっかいなところがありますが、**結びの読み方でおおよその区別ができます**。基本的な結び方を以下に示すので、しっかり頭に入れてください。

疑問	～連体形・～や・～か
反語	～ん・～んや
詠嘆	～や・～か・～かな

それでは、主な疑問形を次に示します。

1 「何」を伴うもの

何～

何《なん》ぞ～（する）	どうして～（する）か
何《なに》をか～（する）	何を～（する）か
何《いづ》れか～（する）	どちらが～（する）か
何《いづ》れの～（する）	いつの・どこの～（する）か
何《いづ》くにか～（する）	どこに～（する）か

※**胡・曷**なども何と同じ用法で使われます。

※疑問の助詞「**乎・哉・也・邪・耶・与・歟**」と共に用いて、「～（する）や」と結ぶこともよくあります（例「何～乎（なんぞ～（する）や）」）。以下の疑問の副詞（「疑問詞」と呼ぶこともあります）も同様です。

何為レゾ～	何《なん》為《す》れぞ～(する)	どうして～(する)か
何ヲ以テ～	何《なに》を以て（か）～(する)	どうして～(する)か
何レノ処カ～	何《いづ》れの処《ところ》（より・に）か～	どこ（から・で）～か

※似たものとして 何時～ 何《いづ》れの時（より・に）か～＝いつ（から）～か

2 「いかん」と読むもの

～何如	～(は) 何如《いかん》	～はどうか

※状態や程度や是非を問います。 ※何若という形もあります。

如何ゾ～	如何《いかん》ぞ～(する)	どうして～(する)か
～ハ如何セン	～は如何《いかん》せん	～はどうしようか

※手段・方法を問います。 ※若何・奈何という形もあります。

※「～」を間に挟む 如レ～何 ～を如何《いかん》せん＝～をどうしようか という形もあります。

例 如レ之ヲ何セン（之を如何せん）＝これをどうしようか

※「いかんせん」という読みは反語と共通です。

3 その他の疑問の副詞

誰カ~　誰《たれ》か~（する）　誰が~（する）か

※誰《たれ》をか~（する）＝誰を~（する）か　と読むことも可能です。

孰~　孰《たれ》か~（する）　誰が~（する）か

孰《いづ》れか~（する）　どちらが~（する）か

安~　安《いづ》くにか~（する）　どこで~（する）か

安《いづ》くんぞ~（する）　どうして~（する）か

※悪・焉・寧なども安と同じ用法で使われます。

幾何カ~　幾何《いくばく》か~（する）　どれほど~（する）か

豈ニ~乎　豈《あ》に~（する）か　~（する）のだろうか

4 助詞「乎」

~乎　~（する）か　~（する）か

~（す）や

※助詞一字で疑問形を作ります。　※哉・也・邪・耶・与・歟も同じです。

※一般に連体形は「か」、終止形（「ず」「あり」など）は「や」で結びます。

5 やや特殊な疑問形

～《ヤ》否《ヤ》　～や否《いな》や　～かどうか

例 尚《なホ》在《ありヤいなヤ》否（尚ほ在りや否や）＝まだあるかどうか

重要語法その8　文末の助詞の用法　「也」「矣」「乎」「哉」…

文末の助詞の用法には、大きく分けて次の二種類がある。

断定　也・矣・焉（也だけは一般に「なり」と読む）

疑問　**反語**　**詠嘆**　也・乎・哉・邪・耶・与・歟・夫・矣・焉

※夫は基本的に詠嘆のみの用法。

※也・矣・焉は断定でも疑問・反語・詠嘆でも使われる。｝いずれであるかは文脈によって判断するしかない。

例 昔者《むかし》、荘《さう》周《しう》夢《ニ》為《なル》二胡《こ》蝶《てふト》一。栩《く》栩《く》然《ぜんトシテ》胡蝶**也**《なり》（断定）。自《みづかラ》喩《たのシミ》適《かなフ》レ志《こころざしニ》**与**《かな》（詠嘆）。不《ル》レ知《ラ》レ周《ナルヲ》**也**《なり》（断定）。俄《にはかニシテ》而覚、《めざムレバ》則《すなはチ》蘧《きよ》蘧《きよ》然《ぜんトシテ》周**也**《なり》（断定）。不レ知《ラ》下周之《の》夢《ニ》為《なル》二胡蝶《ト》一**与**《か》（疑問）、胡蝶之夢《ニ》為《ル》レ周《ト》**与**《かヲ》上（疑問）。周《ト》与《とハ》二胡蝶一、則《チ》必《かならズ》有《あり》レ分《ふん》**矣**（断定）。此《これヲ》之《これ》謂《いフ》二物《ぶつ》化《くわト》一。（『荘子』斉物論第二）

過去問チェック

それでは問題を見ていきます。

次の文の解釈として最も適当なものを、次の①〜⑤のうちからそれぞれ一つずつ選べ。

(1) 子《ハ》真《ニ》是《レナル》邪《か》。

① 我が子はまさにこれにちがいない。
② あなたはまさにその人だろうか、いや、そんなはずはない。
③ あなたはまさにその人ではないか。
④ 我が子がまさにその人だろうか、いや、そんなはずはない。
⑤ 我が子がまさにその人ではないか。

(共通テスト第1回試行調査)

(2) 母《ヨ》、胡《なん》為《すレゾ》乎使《ムル》下我《ヲシテ》至《リテ》二今日《ニ》一乃《チ》得上レ見《ルヲ》也。

① お母様、なぜ今日になって私がここにいるとわかったのですか。
② お母様、なぜ今日になって私をここに来させたのですか。
③ お母様、なぜ今日になって私を思い出してくださったのですか。
④ お母様、なぜ今日になって私に会ってくださったのですか。
⑤ お母様、なぜ今日になって私の夢を理解してくださったのですか。

(二〇一六年度・本試験)

(3) 不レ仮二五色一、其理安在。

① 手を加えるのに絵の具類を使わないなどという、そんな道理がいったいどこにあるというのですか。
② 青・黄・赤・白・黒の原色を用いないという、そういう理論も確かにあろうかと思います。

③ 重要な五つの色をおろそかにしないのであれば、それこそが理想的で安定感をもたらすやり方です。
④ 色彩の効果にまったく頼らないと言うのなら、その理由を分かりやすく聞かせてください。
⑤ 五種類の彩色手法を借りずに描いて、どうして絵が理解されやすいものとなりましょうか。
（一九九六年度・追試験）

(1) 訓点に従って「子は真に是れなるか」と書き下します。「**是邪**」を「これなるか」と読んでいますから、「**邪**」は**疑問**の助詞だとわかります。また「**子**」は「こ（＝子ども）」と読むよりも「し（＝男子の敬称。二人称の敬称）」と読む方が多く、ここもそうです。よって③が正解です。

(2) 訓点に従って「母よ、胡為れぞ我をして今日に至りて乃ち見るを得しむるや」と書き下します。「**胡為～也**」が**疑問形**を作ります。「**使**（しむ）」は使役の助動詞、「**得**（う）」は可能の助動詞です。「**乃**（すなはち）」は接続詞で、ここは〝やっと〟の意です。全体を直訳すると、〝母よ、どうして私に、今日になってやっと会えるようにさせたのか〟となり、これに合致するのは④です。

(3) 返り点があるのみで、送りがなやふりがなはついていません。「**理**」は漢文では基本的に〝**道理**〟の意ですから（→p31）①を正解としてもかまいませんが、ここは最後の「**安在**」に着眼しましょう。「**安**」が疑問なら、(i)「いづくんぞある（＝どうしてあるのか）」または(ii)「いづくにかある（＝どこにあるのか）」と読みます。また反語なら(iii)「いづくんぞあらんや（＝どうしてあるだろうか、いやない）」と読みます。①は(ii)に該当します。②は〝あるだろう〟の意ですから該当するものがありません。③・④・⑤も該当するものがありません。やはり①が正解になります。「五色を仮《か》らず、其の理《り》安《いづ》くにか在る」と書き下します。

第8講　反　語

反語形は、**疑問形の形を借りた**否定形です。「～であろうか」と問いかけておいて「いや、そうではない」と否定するわけです。したがって訓読も「～ん（や）。」と結びます。「ん」は推量の助動詞です。

1 基本形

豈ニ～ン　豈《あ》に～ん（や）　どうして～だろうか、いや～でない

※豈は疑問形や詠嘆形でも使われますが、反語形が頻出です。

※**豈能～** 豈《あ》に能《よ》く～ん（や）・**豈可レ～** 豈に～べけん（や）・**豈得レ～** 豈に～得《え》ん（や）はいずれも「どうして～できようか、いや～できない」という不可能の意を表します。

※反語の助詞「**乎・哉・也・邪・耶・与・歟**」と共に用いることもよくあります。

例「豈～乎（あに～ん（や））」。以下の反語の副詞についても同様です。

何ゾ～ン　何《なん》ぞ～ん（や）　どうして～だろうか、いや～でない

※**何為** なんすレゾ・**何以** なにヲもつテ　という形でも使われます。

安クンゾ～ン　安《いづ》くんぞ～ん（や）　どうして～だろうか、いや～でない

※**悪・焉・寧**なども同様に使われます。

誰カ～ン　誰《たれ》か～ん（や）　誰が～だろうか、いや誰も～ない

※孰も同様に使われます。

2「いかん」と読むもの

如何ゾ～ン　如何《いかん》ぞ～ん（や）　どうして～だろうか、いや～でない

～如何セン　～如何《いかん》せん　～はどうしようか、いやどうしようもない

※若何・奈何という形もあります。

※「～」を間に挟む 如レ～何 ～を如何《いかん》せん　という形もあります。

3 助詞「乎」

～乎ンや　～んや　どうして～だろうか、いや～でない

※助詞一字で反語形を作ります。　※哉・也・邪・耶・与・歟なども同じです。

4 疑問形と共通の形ではないもの

何ノ〜カ之レ有ラン	何の〜か之《こ》れ有らん	どうして〜だろうか、いや〜でない
何ゾ必ズシモ〜ン	何ぞ必ずしも〜ん	どうして〜だろうか、いや〜でない 〜する必要があろうか、いや必要ない
敢ヘテ不レランヤ〜(乎)	敢《あ》へて〜(せ)ざらんや	どうして〜(し)ないことがあろうか、いや〜する
独リ不レランヤ〜(乎)	独《ひと》り〜(せ)ざらんや	どうして〜(し)ないことがあろうか、いや〜する
可ケンレ〜乎	〜(す)べけんや	どうして〜できようか、いやできない

※助詞は「乎」で代表させています。

過去問チェック

それでは問題を見ていきます。

(1) 「豈常雉《きじ》乎」の解釈として最も適当なものを、次の①〜⑤のうちから一つ選べ。

① きっといつもの雉だろう
② どうして普通の雉であろうか
③ おそらくいつも雉がいるのだろう
④ なんともありふれた雉ではないか

⑤　なぜ普通の雉なのだろう

（二〇二二年度・追試験）

(2)　「汝為レ人、何黄之有」の書き下し文として最も適当なものを、次の①～⑤のうちから一つ選べ。

①　汝の人と為《な》り、何《いづ》れの黄の有るや
②　汝は人の為《ため》に、何《なん》ぞ黄の之《こ》れ有らん
③　汝は人為《た》り、何《なん》の黄か之《こ》れ有らん
④　汝は人を為《つく》りて、何《なに》をか黄の有るや
⑤　汝の人を為《をさ》むるや、何《いづ》れに黄の之《ゆ》く有るか

（二〇二一年度・本試験）

(3)　「則其求レ之也、曷嘗不レ貴二於敏一乎」について、(i)書き下し文・(ii)その解釈として最も適当なものを、次の各群の①～⑤のうちから、それぞれ一つずつ選べ。

(i)　書き下し文
①　則ち其の之を求むるなり、曷《なん》ぞ嘗て敏より貴ばざらんや
②　則ち其の之を求むるなり、曷ぞ嘗て敏を貴ばざるや
③　則ち其の之を求むるや、曷ぞ嘗て敏より貴ばざるや
④　則ち其の之を求むるや、曷ぞ嘗て敏を貴ばざらんや
⑤　則ち其の之を求むるや、曷ぞ嘗て敏に貴ばれざらんや

(ii)　解釈
①　そうだとすると、孔子が古《いにしえ》の教えを追求するに当たって、どうして「敏」により貴ばれなかったことがあろうか。
②　それだからこそ、孔子は古の教えを追求したのであるが、どうして「敏」よりも貴ばなかったこ

とがあろうか。

③ そうだとすると、孔子が古の教えを追求するに当たって、どうして「敏」を貴ばなかったことがあろうか。

④ それだからこそ、孔子は古の教えを追求したのであるが、なぜ「敏」を貴ばなかったのであろうか。

⑤ そうだとすると、孔子が古の教えを追求するに当たって、なぜ「敏」よりも貴ばなかったのであろうか。

（二〇一一年度・本試験）

(4) 「前人取《ルコト》レ之《ヲ》多《ケレバ》、後人豈《ニ》応《ニ》《ケンヤ》二復《タ》得一」の解釈として最も適当なものを、次の①～⑤のうちから一つ選べ。

① 前の人が名声の多くを獲得したからには、後の人も名声を受け継ぐことができないはずはない。

② 前の人が名声の多くを獲得したのだから、後の人はそれを行動の手本とすることができる。

③ 前の人が名声の多くを獲得したとしても、後の人が得る名声のほうが価値は高いに違いない。

④ 前の人が名声の多くを獲得してしまうと、後の人が名声を獲得することはむずかしい。

⑤ 前の人が名声の多くを獲得したとしても、後の人が名声を受け継ぐことはできない。

（二〇〇二年度・本試験）

(1) **「豈～乎」**が**疑問または反語**の形になります。前者なら「豈に常の雉なるや（か）」と読み⑤の解釈となり、後者なら「豈に常の雉ならんや」と読み②の解釈となりますが、「豈」は多く反語が問われています。前に、この雉が宝だという文があるので、文脈から②と決まります。

(2)「**何黄之有**」が「何の黄《くわう》か之れ有らん」と書き下す**反語形**ですから、③が正解です。「**為人**」は「人と為《な》り（＝人柄）」と読む用法が重要ですが（↓p31）、ここは「人為《た》り」と読み、〝人間である〟の意になります。お前は人間だから、蛇の腹や牛の肝から取れる黄（＝薬）などありはしない、という内容です。

(3)「**曷～乎**」が「曷《なん》ぞ～んや」と読む**反語形**です。「**曷**」は「何」に同じ。「**也**」は上の「**其求之**」を強調するはたらきをし、「や」と読みます。「也」の文末の用法（断定・疑問・反語・詠嘆↓ **重要語法その8** p82）とは区別する必要があります。「**嘗**」は「かつて」と読む副詞。〝今までに〟の意。以上より(i)は④と⑤に絞られます。前者は前置詞「**於**」を対象ととり、後者は受身ととって「**貴ばれざらんや**」と書き下します。前者なら(ii)の解釈は③となり、後者なら①となります。しかし「**敏**」は人物ではないので、後者の訓読とその解釈（(i)の⑤、(ii)の①）は不自然となります。よって(i)が④、(ii)が③となります。

(4) 訓点に従って「前人之《これ》を取ること多ければ、後人豈《あ》に応《まさ》に復《ま》た得《う》べけんや」と書き下します。「**豈**」が**反語**、「**応**」が**再読文字**（↓p50）、そして「**復**」が反語の文脈中にある**部分否定**（↓p76）です。

「豈」以下を直訳すると、〝もはやどうして得るはずがあろうか、いや得るはずはない〟となります。この直訳から④と⑤に絞られますが（↓ **満点のコツその5** p70）、⑤は「**獲得したとしても**」という逆接仮定条件の訳し方が誤りになります。正解は④です。

重要語法その9 「為」の読み・用法

なス（**動詞**） **例** 捕《ラヘテ》レ魚《ヲ》**為**《ス》レ業《ト》（魚を捕らへて業と為す）＝魚を捕らえるのを生業に**する**

なル（**動詞**） **例** 荘周夢《ニ》**為**《ル》二胡蝶《ト》一（荘周夢に胡蝶と為る）＝荘周が夢の中で胡蝶に**なった**

つくル（**動詞**） **例** **為**《ル》二此《ノ》詩《ヲ》一者《ハ》其《レ》知《レル》レ道《ヲ》乎（此の詩を為る者は其れ道を知れるか）
＝この詩を**作った**者は道を知る者であろう

たリ（**動詞**） **例** 彼《ハ》**為**《リ》二君子一（彼は君子たり）＝彼は君子**である** ※古文では「たり」は助動詞。

ためニ（**前置詞**） **例** 吾**為**《ニ》レ子《シガ》先行《セン》（吾子が為に先行せん）＝私が君**の代わりに**前を歩こう

※**受身形**「為《なル》二A《ノ》所《ト》レ～一」（↓p61）、**疑問形**「何《なん》為《すレゾ》～（＝どうして～か）」（↓p80）、「以為《おもヘラク》～（＝～と思う）」に注意。

第9講 詠嘆

詠嘆形は**疑問・反語の副詞や助詞を借りて、感動的に表現する形**です。「なんと～だなあ・ことよ」などと訳します。「**宜乎**（うべなるかな＝もっともなことよ）」「**何～多也**（なんぞ～おほきや＝なんと～多いことか）」のように、詠嘆形は**形容詞（形容動詞）＋助詞の形**になることが少なくありません。

なお、**詠嘆形は**多用するとその効果が薄くなりますので、他の句形ほどには目にすることはありませんが、以下の基本的な形は覚えておきましょう（助詞はそれぞれ一例としてあげています）。

豈ニ不レ～哉　　豈《あ》に～（なら）ず や　　なんと～ではないか

※**豈非レ～哉** 豈に～に非ずや　も同じ。

例 豈ニ不レ哀《かな》シカラ哉（豈に哀しからずや）＝なんと悲しいことではないか

不二亦タ～一乎　　亦《ま》た～（なら）ず や　　なんと～ではないか

例 有リレ朋《とも》自リ二遠方一来タル、不二亦タ楽シカラ一乎（朋有り遠方より来たる、亦た楽しからずや）
＝友だちが遠いところから訪ねてくる、なんと楽しいことだね

何ゾ～也　　何ぞ～（なる）や　　なんと～なことか

例 是レ何ゾ楚《そ》人《ひと》之多キ也（是《こ》れ何ぞ楚人の多きや）＝なんと楚の人が多いことか

何《ゾ》其《レ》~也

何ぞ其《そ》れ~（なる）や　　なんと~なことか

例 汝《ノ》来《タル》何《ゾ》其《レ》晩《おそキ》也（汝の来たる何ぞ其れ晩きや）＝お前が来るのはなんと遅いことよ

~哉、A也

~（なる）かな、Aや　　Aはなんと~なことか

例 賢《けんナル》哉《かな》、回《くわい》也《や》（賢なるかな、回や）＝顔回はなんと賢明なことか

嗚呼~矣

嗚呼《ああ》~（なる）かな　　ああ~なことか

※「**嗚呼**」は感動詞です。「**嗚乎**」「**嗟呼**」なども使われます。「嗚」は「口」に「烏（＝カラス）」です。

例 噫《あ》吁嚱《あ》危《あやふキ》乎《かな》高《キ》哉《かな》（噫《あ》吁嚱《あ》危きかな高きかな）＝ああ危ないことよ高いことよ

~哉

~かな　　~なことよ

例 管仲之器《うつは》小《ナル》哉（管仲の器小なるかな）＝管仲の器量は小さいことよ

それでは問題を見ていきます。

過去問チェック

(1) 「不㆓亦太浅易㆒耶」の書き下し文と現代語訳との組合せとして最も適当なものを、次の①～⑤のうちから一つ選べ。

① [書き下し文] 亦《ま》た太《はなは》だしくは浅易ならざるか
　[現代語訳] それほど安直なわけでもないのか。

② [書き下し文] 亦た太だしくは浅易ならずや
　[現代語訳] なんとあまりにも安直ではないか。

③ [書き下し文] 亦たも太だ浅易にあらざるか
　[現代語訳] それほど安直なわけでもないのか。

④ [書き下し文] 亦た太だ浅易ならずや
　[現代語訳] なんとあまりにも安直ではないか。

⑤ [書き下し文] 亦たも太だしくは浅易ならざるか
　[現代語訳] それほど安直なわけでもないのか。

（二〇一二年度・追試験）

(2) 「何ゾ其レ暴ニシテ而不敬ナル也」の意味内容として最も適当なものを、次の①～⑤のうちから一つ選べ。

① なぜ申公子培は粗暴で無礼なことをするのだろうか。
② なぜ随兕は強暴で馴れ親しまないのだろうか。
③ なんと申公子培は粗暴で無礼なことか。
④ どうして申公子培が粗暴で無礼だといえようか。
⑤ どうして随兕が強暴で馴れ親しまないといえようか。

（二〇〇〇年度・本試験）

(1) 「**不亦〜耶**」の形から**詠嘆**と判断できます。「亦た〜ならずや」と書き下す②と④に絞り、副詞「**太**」の読み「はなはダ」から④を選択します。

(2) まず「何《ゾ》」と「不 敬《ナル》 也」に着眼しましょう。**反語**なら「何ぞ〜不敬ならんや」と読むはずですから、**反語**ではありません。よって「何ぞ其れ暴《ぼう》にして不敬なるや」と読み、**疑問か詠嘆**になります。
次に「暴」と「不敬」が接続詞「**而**」によって**並列的につなげられている**点に着眼します。選択肢はいずれも「暴」を〝粗暴(だ)〟または〝強暴(だ)〟と**形容動詞**に訳しています。したがって「不敬」についても、「不敬なる」と読むことからも**形容動詞**として訳すのが適当だとわかり、〝無礼だ〟と訳した③と④に絞られます(①は「無礼なことをする」と動作として訳しています)。④は反語の訳し方だからはずれて③が正解です。

重要語法その10 「而」の用法

- 「**而**」は一般に置き字として扱って読まないが、語と語、句と句、節と節をつなぐ**接続詞**としてはたらく。
- 直前の語に、順接なら「テ・シテ」、逆接なら「モ・ドモ・ニ」などの送りがながつく。
- ただし、文頭にあって前文との接続関係を明示する場合は、「**しかうシテ・しかシテ・しかモ・しかレドモ・しかルニ**」などと読む。

満点のコツその7 状態か動作か?

- 意味(解釈)の問題では、傍線部が**状態**の形容を表したものか**動作**を表したものかを見極めよう。
  ↓形容詞・形容動詞=**状態**　動詞=**動作**
- 訳は基本的に、**状態**なら〝〜だ〟、**動作**なら〝〜する〟となる。

第10講 比較

❶比較形・❷最上形・❸選択形に分けて整理します。

❶ 比較形

不レ如カレAニ　Aに如《し》かず　Aに及ばない・Aの方がよい

※不レ若レAという形もよく使われます。

〜二於Aヨリモ一　Aより（も）〜　Aよりも〜

※前置詞「於・于・乎」（→重要語法その6 p65）によって比較を表す用法です。

❷ 最上形

無シレ如クハレAニ　Aに如《し》くは無し　Aに及ぶものはない・Aが一番だ

※無レ若レA・莫レ如レA・莫レ若レAの形も使われます。ちなみに本書裏表紙の龍のせりふも最上形です。

莫シレ〜ナルハ二於Aヨリ一　Aより（も）〜なるは莫《な》し　Aよりも〜なものはない

例 莫シレ大《だい》ナルハ二於孝ヨリ一（孝より大なるは莫し）＝孝行よりも大事なものはない

3 選択形

与《よりハ》二其《ノ》A《セン》一不レ如《カ》レB《ニ》

其のA（せ）んよりはBに如《し》かず

与《リハ》二其《ノ》A《セン》一寧《ロ》B

其のA（せ）んよりは寧ろB（せよ・なれ）

｝Aするよりも Bの方がよい

※比較の「於」は前置詞で読みませんが、比較の「与《よりハ》」は接続詞になり、返読して「よりハ」と読みます。

※「其」は語調を整えるための助詞です。

例 与《よりハ》二其《ノ》不《ふ》孫《そんナラン》一寧《むしロ》固《こナレ》（其の不孫ならんよりは寧ろ固なれ）＝不遜であるよりも頑固である方がよい

重要語法その11 「与」の用法

動詞 あたフ・あづかル・くみス

例 不二与《あづかり》存《セ》一（与り存せず）＝その中の一つとして存在しない

例 常《ニ》与《くみス》二善人《ニ》一（常に善人に与す）＝いつも善人に味方する

副詞 ともニ

例 豎《じゅ》子《し》不レ足《ラ》二与《ともニ》謀《はかルニ》一（豎子与に謀るに足らず）＝青二才はともに相談するほどの価値もない

接続詞（並列）と（A与《と》レB→AとBと）

接続詞（比較）よりハ

前置詞（対象）と（与レA→Aと）

助詞（疑問・反語・詠嘆）か・や・かな（→重要語法その8 p82）

過去問チェック

それでは問題を見ていきます。

(1)「丈人不若未為相。為相則誉望損矣」の書き下し文として最も適当なものを、次の①～⑤のうちから一つ選べ。

① 丈人に若《し》かずんば未だ相と為《な》らず。相と為れば則ち誉望損なはれんと
② 丈人未だ相の為《ため》にせざるに若かず。相の為にすれば則ち誉望損なはれんと
③ 丈人若《なんぢ》の未だ相と為らずんば不《あら》ず。相と為れば則ち誉望損なはれんと
④ 丈人未だ相と為らざるに若かず。相と為れば則ち誉望損なはれんと
⑤ 丈人に若かずんば未だ相の為にせず。相の為にすれば則ち誉望損なはれんと

（二〇一八年度・本試験）

(2)「法士自知芸不如楊也」の返り点の付け方と書き下し文の組合せとして最も適当なものを、次の①～⑤のうちから一つ選べ。

① 法士自㆑知㆑芸不㆑如㆑楊也　法士芸を知りてより楊のごとくならざるなり
② 法士自知㆓芸不㆒㆑如㆑楊也　法士自ら芸の楊に如《し》かざるを知るなり
③ 法士自知㆑芸不㆑如㆑楊也　法士自ら芸を知ること楊のごとくならざるなり
④ 法士自知㆓芸不㆑如楊㆒也　法士自ら芸の如かざるは楊なるを知らんや
⑤ 法士自㆑知㆓芸不㆒㆑如㆑楊也　法士芸の楊のごとくならざるを知るによらんや

（二〇〇八年度・本試験）

(3)「賢《ナル》㆓于己《ヨリ》㆒者《ニハ》、問《ヒテ》㆑焉《これニ》以《テ》破《リ》㆓其《ノ》疑《ヒヲ》㆒、[　　]者《ニハ》、問《ヒテ》㆑焉《ニ》以《テ》求《メ》㆓一得《ヲ》㆒、等《シキ》㆓于己《ニ》㆒者《ニハ》、問《ヒテ》㆑焉《ニ》以《テ》資《ス》㆓切《せつ》磋《さニ》㆒」は、己を基準に比較した三段階の人に対して、どう対処するかを述べたものである。空欄に入るも

のとして最も適当なものを、次の①～⑤のうちから一つ選べ。

① 不ル㆑知ラ㆑己ヲ　② 類スル㆓于己ニ㆒　③ 勝ル㆓于己ヨリ㆒

④ 不ル㆑如カ㆑己ニ　⑤ 不ル㆑好マ㆑己ヲ

（一九九三年度・本試験）

(1) 「**不若**」が「若《し》かず」と読む**比較形**で、「未為相」から返りますから、②と④に絞られます（①は「若かずんば」と読んで下に続けています）。「未」は「いまだ～ず」と読む**再読文字**です。「為」はいろいろな読み方をする**返読文字**です（→ 重要語法その9 p91）。傍線部の少し前に、宰相になるだろうという内容があり、これと関連づけることで「なる」と読むのが適当とわかります。よって④が正解です。なお「丈人《ぢやうじん》」は二人称の敬称で〝あなた〟の意。「誉望」は〝名声〟です。訓点は次の通りです。

丈人不㆑若カ㆑未ダ㆑ルニ為ラ㆑相ト。為レバ㆑相ト則チ誉望損ナハレント矣

(2) 「**不如**」が**比較形**で「如《し》かず」と読みますから②と④に絞り、「楊」から返って「楊に如かざる」と書き下した②が正解です。「不如」は**返読文字**ですから、④のように「不如」から「楊」へ下に読むことはできません。なお「自」は「みづからラ」と読みます。「也」は断定の助詞です。

(3) 「**己を基準に比較した三段階の人**」として、「賢于己者（＝自分より賢い人）」、「□者」、「等于己者（＝自分と同等の人）」の三者が列挙されています。よって「□者」とは「自分より劣る人」と推測でき、④の「己に如かざる（＝自分に及ばない人）」が正解になります。

第11講　限定

限定形は特定の語句を**限定する**（～だけ）・**程度を低める**（～にすぎない）・**強調する**（～にほかならない）場合に使われます。いずれの場合でも通常「**～のみ**」と読みます。

1 限定の副詞

唯《ダ》～《ノミ》　唯《た》だ～のみ　～だけ・～にすぎない・～にほかならない

独《リ》～《ノミ》　独《ひと》り～のみ　～だけ・～にすぎない・～にほかならない

※「**ただ**」と読む副詞には、他に**惟**・**但**・**徒**・**特**・**只**などがあります。

※限定の副詞がかかる語句に「のみ」をつけて読みます。

※限定の助詞**耳**・**爾**・**已**・**而已**・**而已矣**などとともに使われることもあります。

例「唯～而已」（唯だ～のみ）・「独～耳」（独り～のみ）

2 限定の助詞

～耳　～のみ　～だけ・～にすぎない・～にほかならない

※**耳**・**爾**・**已**のように一字だけのもの、**而已**・**已矣**・**而已矣**・**也已矣**のように二字以上によるものがあります。

いずれも「のみ」と読みます。

※助詞が何を限定するのかは文脈によって判断します。「〜のみ」と訓読しても、直前の「〜」の部分を限定するとはかぎりません。

例 泰《たい》伯《はくハ》其《そレ》可《キ》レ謂《いフ》二至《し》徳《とくト》一也已《のみ》矣（泰伯は其れ至徳と謂ふべきのみ）

＝泰伯こそは最上の徳をもつ人と言うべきである

↓「のみ」は「泰伯」を強調している。

過去問チェック

それでは問題を見てみましょう。

「独此騾不忍棄」の返り点の付け方と書き下し文の組合せとして最も適当なものを、次の①〜⑤のうちから一つ選べ。

① 独此騾不レ忍棄　独り此《こ》の騾《ら》のみ忍ばずして棄《す》つ
② 独此騾不二忍棄一　独り此の騾は忍びて棄てず
③ 独二此騾一不二忍棄一　此の騾を独りにして忍びて棄てず
④ 独二此騾一不レ忍棄　此の騾を独りにして忍ばずして棄つ
⑤ 独此騾不レ忍レ棄　独り此の騾のみ棄つるに忍びず

（二〇〇四年度・追試験）

「独」を限定形ととり、①と⑤に絞ります。さらに①は音読したときのぎこちなさや、意味の不明さから誤りと判断します。もちろん前後の文脈にも合いません。よって⑤が正解です。なお「騾」は「騾馬《らば》」のことです。

第12講　累　加

累加とは〝重ね加えること〟です。古文では添加の副助詞「さへ」がこのはたらきをしますが、漢文では「〜だけでなく、その上また…」という、限定形の発展した形となります。

不二唯《たダニ》A《ノミナラ》一而《しかうシテ》亦《タ》B	唯《た》だにAのみならず而《しかう》して亦《ま》たB
非《ズ》二唯《ダニ》A《ノミニ》一而《シテ》亦《タ》B	唯《た》だにAのみに非ず而《しかう》して亦《ま》たB
豈《ニ》唯《ダニ》A《ノミナランヤ》、而《シテ》亦《タ》B	豈に唯《た》だにAのみならんや、而《しかう》して亦《ま》たB どうしてAだけであろうか、Bもまたそうである

（上二つ）Aだけでなく、またBでもある

※「唯」の代わりに「惟・但・徒」など、「亦」の代わりに「又」もよく使われます。

※「たダニ」ではなく「独《ひとり》」を用いた形もあります。

※否定詞は「唯・独」の上にきます。「唯不〜」だと限定形（唯だ〜ざるのみ）などになります。

※「而亦B」の部分が省略される場合もあります。

それでは問題を見てみましょう。

過去問チェック

「世之為二人親与レ子、而有二不慈不孝者一、豈独愧二于古人一」の書き下し文として最も適当なものを、次の①～⑤のうちから一つ選べ。

① 世の人親《じんしん》と子との為にして、不慈不孝なる者有るは、豈に独り古人のみを愧《は》づかしめんや
② 世の人親の子に与ふと為すも、不慈不孝なる者有るは、豈に独り古人に愧づるのみならんや
③ 世の人親の子に与ふるが為に、不慈不孝なる者有るは、豈に独り古人のみを愧づかしめんや
④ 世の人親と子との為にするも、不慈不孝なる者有るは、豈に独り古人のみを愧づかしめんや
⑤ 世の人親と子と為りて、不慈不孝なる者有るは、豈に独り古人に愧づるのみならんや

（二〇一五年度・本試験）

「**豈独**」が**累加形**になりますから（この文の直後の文も「亦」で始まります）、「豈に独り～のみならんや」と書き下した②と⑤に絞ります。「之」はいずれの選択肢も「の」と読んでいますが、主格や連体修飾格を表すのではなく、ただ語調を調えるために添えられた助詞です。「与（と）」は「A与レB（AとBと）」の形を作る接続詞です（↓ **重要語法 その11** p97）。「而」は接続詞、「于」は対象を表す前置詞で、いずれも置き字となります。以上より「人親と子と」と書き下した⑤が正解になります。訳すと〝この世で人の親となり子となりながら、子を慈《いつく》しまない親や親に孝行しない子がいるのは、**どうして**ただ古人に対して恥じる**だけであろうか**〟となります。

第13講　抑揚

「抑揚」とは文字通り「抑えて揚げる」ことです。「Aでさえ〜だから、ましてBはなおさら〜だ」というふうに、Aでさえ〜だと低く**抑えて**、その後で、ましてBはなおさら〜だと強い調子で**揚げ**ます。古文では副助詞「すら・だに（＝さえ）」がこのはたらきをしますが、通常「すら・だに」が後半部分（ましてBはなおさら〜だ）を省略して類推させるにとどめるのに対して、漢文では前半部分と後半部分を対比的に明示する場合が少なくありません。

A且《スラ》〜、（而《ルヲ》）況《ンヤ》B《ヲ》乎《や》

Aすら且《か》つ〜、（而《しか》るを）況《いは》んやBをや
Aでさえ〜だから、ましてBはなおさら〜だ

例 死《し》馬《ばスラ》且《ツ》買《フ》レ之《これヲ》、況《ンヤ》生《いケル》者《ヲ》乎《や》（死馬すら且つ之を買ふ、況んや生ける者をや）
＝死んだ馬でさえ高く買うのだから、まして生きた馬はなおさら高く買う

※「且」の代わりに「猶《なホ》・尚《なホ》」もよく使われます。
※前半の「A且〜」のみ、逆に後半の「（而）況B乎」のみの形もあります。
※文末の助詞は「乎」が使われることがほとんどです。

過去問チェック

それでは問題を見てみましょう。

(1)「況《ンヤ》欲《スル》三深《ク》造《いたラント》二道徳《ニ》一者《ヲ》邪。」の解釈として最も適当なものを、次の①〜⑤のうちから一つ選べ。

① ましてつきつめて道徳を理解しようとする者がいるのだろうか。
② まして道徳を体得できない者はなおさらであろう。
③ それでもやはり道徳を根付かせたい者がいるであろう。
④ ましてしっかりと道徳を身に付けたい者はなおさらであろう。
⑤ それでも道徳を普及させたい者はなおさらではないか。

（二〇二一年度・本試験第2日程）

---

(2) 「児衣ノ在レリテスラ側ニ、尚ホ齧ル、況ンヤ鞍ノ懸レケタルヲ柱ニ乎ヤ」の解釈として最も適当なものを、次の①～⑤のうちから一つ選べ。

① 身近にあった子供の衣でさえかじられるのだから、いっそ鞍を柱に懸けておいたらどうだろうか。
② 太祖の衣が子供の傍らにあってさえかじられるのだから、いっそ鞍を柱に懸けておいたらどうだろうか。
③ 身近にあった子供の衣でさえかじられるのだから、鞍を柱に懸けておくべきではなかった。
④ 太祖の衣が子供の傍らにあってさえかじられるのだから、柱に懸けてある鞍がかじられるのは当然だ。
⑤ 身近にあった子供の衣でさえかじられるのだから、柱に懸けてある鞍がかじられるのは当然だ。

（一九九七年度・追試験）

---

(1) 「況～邪」が「いはんや～をや」と読む**抑揚形**になります。〝ましてなおさら～だ〟と訳すのが基本ですから、②と④に絞り、「欲（ほつす）」の意味〝～したいと思う〟に着眼して④を選択できます。書き下し文は「況んや深く道徳に造《いた》らんと欲する者をや」。

(2) 訓点に従って「児衣《じい》の側《そば》に在《あ》りてすら、尚《な》ほ齧《かじ》らる、況《いは》んや鞍《くら》の柱に懸《か》けたるをや」と書き下します。「尚～

況…乎」が抑揚形である点をおさえ、「**児衣さえかじられるのだから、まして鞍はなおさらかじられる**」という趣旨を読み取ります。④と⑤に絞られます。次に「児衣在側」は〝子供の衣が側にあってさえ〟と直訳できますから、⑤が正解です。

第3章

読解　実戦問題に挑戦！

いよいよ漢文の読解に進みます。共通テストの対策用に精選した四題を取り上げ、読解の仕方と設問の解き方を中心に解説していきます。第1章・第2章で学んだ知識と、みなさんが今までに身につけた漢字の知識とがあれば、**満点を取るのも十分に可能です。**

次の六つの**満点のコツ**を読んで、後の問題を解いてみてください。時間を気にせず、全体の筋がつかめるまで文章を繰り返し読みます。そして大まかな内容が把握できたところで設問を解いていきます。

満点のコツその8　登場人物を把握する

・**登場人物**を表す言葉（固有名詞や代名詞など）を◯で囲もう。
↓（注）に注目！　登場人物の人名については、多くの問題で、本文の後の（注）で説明されている。
↓二度目からは省略された表現で登場する。**例** 一度目は姓名、二度目以降は名のみ。
・**主語**が明示されていない場合は、主語を書き入れよう。
・文の途中で**主語が変わる**ときは、その変わり目に／を入れよう。

満点のコツその9　段落を分ける

文章が段落分けされていない場合は、二段落または三段落に分けよう。
↓段落分けすることで全体の構成がわかり、設問が解きやすくなる。
▼よくあるパターン
具体（作者の見聞したエピソードを紹介する）↓**一般**（教訓や思想を述べる）

満点のコツその10 文章の展開をつかむ

文章の展開の仕方には例えば次のようなものがある。これを知っておくと、筆者の論点がつかみやすくなる。

- 序論→本論→結論
- 結論→異論→反論（→結論）
- 起→承→転→結

満点のコツその11 英文に対するように読む

第2章（p44）で述べたように、**漢文の構造（語順）は英文によく似ている。**主なものは次の通り。

▼**SVOの順になる**――主語＋動詞＋目的語[※1・※2] **例**「我《ハ》学《ブ》㆑書《ヲ》。」

▼**There is 構文**がある――有＋A（＝Aがいる・ある「Aは不特定の名詞[※3]」）**例**「有《リ》㆑人。」

▼**目的語や補語は動詞の下**にくる **例**「人《ハ》謂《いフ》㆓我《ヲ》君子《ト》㆒。」（目的語＝「我」、補語＝「君子」）

▼**前置詞**を用いる **例**「学《ブ》㆓書《ヲ》於師《ニ》㆒。」

▼**否定詞や助動詞は動詞の上**にくる **例**「不㆑学《バ》㆑書《ヲ》。」

▼**従属接続詞**を用いる **例**「縦《たとヒ》無《クトモ》㆑暇、当《ニ》《シ》㆑読《ム》㆑書《ヲ》。」（「縦（＝たとえ）無暇」が従属接続詞）

※1　本書では主語以外を述語として扱う。例えば右の「動詞＋目的語」が述語である。そしてこの「動詞」を述語動詞と呼ぶ。

※2　英文では目的語は主として動作の対象を表すが、漢文の目的語はもっと広く柔軟に表す。

※3　不特定の名詞とは、例えば「有～者」なら、〝～という人がいる（いた）〟と訳すように、見知らぬ人や物事をいう。

満点のコツその12 句形を探す

設問の**傍線部**を見て、まず**句形**がないか探そう。
↓読み・解釈・説明いずれの設問であれ、**句形があれば必ず解答にからんでくる。**

満点のコツその13 自分で正解を作る

・選択問題を解くカギは**まず自分で正解を作ること**である。
・傍線部の前後などに手がかりを求めて、せめて**キーワードを探す**だけでもよいから正解を考えよう。
・そうすれば選択肢で迷うことはずっと少なくなり、時間の節約にもなる（これは現代文、古文にも共通して言えることだ）。

第1講 猿の反乱 ―二つの文章を関連づけよう―

二つの文章から成り、その関連性が設問で問われます。これによって共通テストの傾向をつかんでください。

次の【文章Ⅰ】と【文章Ⅱ】は、いずれも「狙公《そこう》」（猿飼いの親方）と「狙《そ》」（猿）とのやりとりを描いたものである。【文章Ⅰ】と【文章Ⅱ】を読んで、後の問い（問1〜5）に答えよ。なお、設問の都合で返り点・送り仮名を省いたところがある。

【文章Ⅰ】

猿飼いの親方が芧《とち》の実を分け与えるのに、「朝三つにして夕方四つにしよう。」といったところ、猿どもはみな怒った。「それでは朝四つにして夕方三つにしよう。」といったところ、猿どもはみな悦《よろこ》んだという。

（金谷《かなや》治《おさむ》訳注『荘子』による。）

【文章Ⅱ】

楚(注1)ニ有リ㆓養ヒテ㆑狙《そ》ヲ以テ為ス㆑生(1)者㆒。楚人謂フ㆓之ヲ狙《そ》公《こう》㆒ト。旦(注2)日必ズ部(注3)㆓分シテ衆狙ヲ于庭㆒ニ、使老狙率以之山中、求草木之実。(A)賦(注4)シテ㆓什《じふ》ノ一㆒ヲ以テ自ラ奉ズ(注5)。或イハ不ンバ㆑給セ、則チ加フ㆓鞭《べん》(注6)箠《すい》ヲ㆒焉。群狙皆畏レテ苦シムモ㆑之ニ、弗《ざ》ル㆓敢ヘテ違《たが》ハ㆒也。一日、有リテ㆓小

狙㆒謂《ヒテ》㆓衆狙《ニ》㆒曰《ハク》、「B山之果、公所樹与。」曰《ハク》、「否《しからザル》也。天《ノ》生《ズル》也《ト》。」曰《ハク》、「非《ズンバ》㆑公《ニ》不《ル》㆓得《テ》而取《ラ》㆒与《ト》。」曰《ハク》、「否《ザル》也。皆得《テ》而取《ル》也《ト》。」曰《ハク》、「然《ラバ》則《チ》吾何《ゾ》仮《リテ》㆓於彼《ニ》㆒而為《ス》㆓之《ガ》役《ヲ》㆒乎《ト》。」言未《ダ》《ルニ》㆑既《つキ》、衆狙皆寤《さム》。其《ノ》夕、相《ヒ》与《ニ》伺《ヒ》㆓狙公之寝《いヌルヲ》㆒、破《リ》㆑柵《ヲ》毀《こぼチ》㆑柙《をりヲ》、取《リ》㆓其《ノ》(2)積㆒、相《ヒ》携《ヘテ》而入《リ》㆓于林中《ニ》㆒、不㆓復《タ》帰《ラ》㆒。狙公卒《つひニ》餒《うエテ》而死《ス》。

(注7)郁《いく》離《り》子《し》曰《ハク》、「世《ニ》有《ルハ》㆘以《テ》㆑術《ヲ》使《ヒテ》㆑民《ヲ》而無《キ》㆓道揆(注8)㆒者㆖、其《レ》如《キ》㆓狙公《ノ》㆒乎。C惟其昏而未㆑覚也。一旦有《ラバ》㆑開《クコトヲ》㆑之、其《ノ》術窮《セント》矣。」

（劉基《りゅうき》『郁離子』による。）

（注）
1　楚――古代中国の国名の一つ。
2　旦日――明け方。
3　部分――グループごとに分ける。
4　賦㆓什一㆒――十分の一を徴収する。
5　自奉――自らの暮らしをまかなう。
6　鞭箠――むち。
7　郁離子――著者劉基の自称。
8　道揆――道理にかなった決まり。

問1　傍線部(1)「生」・(2)「積」の意味として最も適当なものを、次の各群の①～⑤のうちから、それぞれ一つずつ選べ。

(1)「生」
① 往生
② 生計
③ 生成
④ 畜生
⑤ 発生

(2)「積」
① 積極
② 積年
③ 積分
④ 蓄積
⑤ 容積

問2　傍線部A「使老狙率以之山中、求草木之実」の返り点・送り仮名の付け方と書き下し文との組合せとして最も適当なものを、次の①～⑤のうちから一つ選べ。

① 使ム㆘老狙ヲシテ率ヰテ以テ之キ㆓山中ニ㆒、求メ㆗草木之実ヲ㆖
老狙をして率《ひき》ゐて以て山中に之《ゆ》き、草木の実を求めしむ

② 使ヒテ㆓老狙ヲ㆒率ネテ以テ之カシメ㆓山中ニ㆒、求ム㆓草木之実ヲ㆒
老狙を使ひて率《おほむ》ね以て山中に之かしめ、草木の実を求む

③ 使メテ㆓老狙ヲシテ率ヘ㆒以テ之キ㆓山中ニ㆒、求ム㆓草木之実ヲ㆒
老狙をして率《とら》へしめて以て山中に之き、草木の実を求む

④ 使シ老狙率ヰテ以テ之カバ㆓山中ニ㆒、求ム㆓草木之実ヲ㆒
使《も》し老狙率《ひき》ゐて以て山中に之かば、草木の実を求む

⑤ 使ム㆘老狙ヲバ率ヘテ以テ之キ㆓山中ニ㆒、求メ㆗草木之実ヲ㆖
老狙をば率《とら》へて以て山中に之き、草木の実を求めしむ

問3　傍線部B「山之果、公所樹与」の書き下し文とその解釈との組合せとして最も適当なものを、次の①～⑤のうちから一つ選べ。

① 山の果は、公の樹《う》うる所か
　山の木の実は、猿飼いの親方が植えたものか

② 山の果は、公の所の樹《き》か
　山の木の実は、猿飼いの親方の土地の木に生《な》ったのか

③ 山の果は、公の樹《う》ゑて与ふる所か
　山の木の実は、猿飼いの親方が植えて分け与えているものなのか

④ 山の果は、公の所に樹《う》うるか
　山の木の実は、猿飼いの親方の土地に植えたものか

⑤ 山の果は、公の樹《う》うる所を与ふるか
　山の木の実は、猿飼いの親方が植えたものを分け与えたのか

問4　傍線部C「惟其昏而未レ覚也」の解釈として最も適当なものを、次の①～⑤のうちから一つ選べ。

① ただ民たちが疎くてこれまで気付かなかっただけである
② ただ民たちがそれまでのやり方に満足していただけである
③ ただ猿たちがそれまでのやり方に満足しなかっただけである
④ ただ猿飼いの親方がそれまでのやり方のままにしただけである
⑤ ただ猿飼いの親方が疎くて事態の変化にまだ気付いていなかっただけである

問5　次に掲げるのは、授業の中で【文章Ⅰ】と【文章Ⅱ】について話し合った生徒の会話である。これを読んで、後の(i)～(iii)の問いに答えよ。

生徒A　【文章Ⅰ】のエピソードは、有名な故事成語になっているね。
生徒B　それって何だったかな。X というような意味になるんだっけ。
生徒C　そうそう。もう一つの【文章Ⅱ】では、猿飼いの親方は散々な目に遭っているね。【文章Ⅰ】と【文章Ⅱ】とでは、何が違ったんだろう。
生徒A　【文章Ⅰ】では、猿飼いの親方は言葉で猿を操っているね。
生徒B　【文章Ⅱ】では、猿飼いの親方はむちで猿を従わせているよ。
生徒C　【文章Ⅰ】では、猿飼いの親方の言葉に猿が丸め込まれてしまうけど……。
生徒A　【文章Ⅱ】では、Y が運命の分かれ目だよね。これで猿飼いの親方と猿との関係が変わってしまった。
生徒B　【文章Ⅱ】の最後で郁離子は、Z と言っているよね。
生徒C　だからこそ、【文章Ⅱ】の猿飼いの親方は、「其の術窮せん。」ということになったわけか。

(i)　X に入る有名な故事成語の意味として最も適当なものを、次の①～⑤のうちから一つ選べ。

① おおよそ同じだが細かな違いがあること
② 朝に命令を下し、その日の夕方になるとそれを改めること
③ 二つの物事がくい違って、話のつじつまが合わないこと
④ 朝に指摘された過ちを夕方には改めること
⑤ 内容を改めないで口先だけでごまかすこと

(ii) Y に入る最も適当なものを、次の①〜⑤のうちから一つ選べ。

① 猿飼いの親方がむちを打って猿をおどすようになったこと
② 猿飼いの親方が草木の実をすべて取るようになったこと
③ 小猿が猿たちに素朴な問いを投げかけたこと
④ 老猿が小猿に猿飼いの親方の素性を教えたこと
⑤ 老猿の指示で猿たちが林の中に逃げてしまったこと

(iii) Z に入る最も適当なものを、次の①〜⑤のうちから一つ選べ。

① 世の中には「術」によって民を使うばかりで、「道揆」に合うかを考えない猿飼いの親方のような者がいる
② 世の中には「術」をころころ変えて民を使い、「道揆」に沿わない猿飼いの親方のような者がいる
③ 世の中には「術」をめぐらせて民を使い、「道揆」を知らない民に反抗される猿飼いの親方のような者がいる
④ 世の中には「術」によって民を使おうとして、賞罰が「道揆」に合わない猿飼いの親方のような者がいる
⑤ 世の中には「術」で民をきびしく使い、民から「道揆」よりも多くをむさぼる猿飼いの親方のような者がいる

(共通テスト第2回試行調査)

読解・設問解説

解答は131ページ

第一段落前半

まず【文章Ⅱ】の第一段落前半の内容を把握します。全体は**序論→本論（展開）→結論**という構成になっており、その序論に当たります。

❶楚ニ有リ二養ヒテレ狙《そ》ヲ以テ為スレ生(1)者一。❷楚人謂フ二之ヲ狙《そ》公《こう》ト一。❸（狙公）旦日必ズ部二‐分シテ衆狙ヲ于庭ニ一、A使老狙率以之山中、求草木之実。❹（狙公）賦シテ二什《じふ》ノ一ヲ一以テ自ラ奉ズ。❺或イハ不ンバレ給セ、／則チ加フ二鞭《べん》箠《すい》ヲ一焉。❻群狙皆畏レテ苦シムモレ之ニ、弗ざル二敢ヘテ違《たが》ハ一也。

第1文 この文では**問1**の(1)を解きます。「有」は不特定の名詞（句）が存在することを表す動詞で、ここは「養狙以為生者」がその名詞句になります。「養」と「為」が動詞で、「狙」と「生」はそれぞれ目的語になります。「以」は両者をつなぐ接続詞です。「者」はこれらを名詞化する助詞です。

問1 (1) 「生」の意味が問われます。

① 往生　② 生計　③ 生成　④ 畜生　⑤ 発生

「養狙」とあることから、この者は前書きにある「猿飼いの親方」とわかりますから、「生」は②の「生計」の意味になります。すなわち**猿を飼い馴らして生活の手立てとしている者**ということです。ちなみに①は〝死ぬこと〟、④は〝人間を除く動物〟の意です。

重要語法その12　「者」の読み・用法

もの　**人・物事・理由・状態**を表す
こと・ところ・とき　**物事・場所・場合**を表す
（もの）は　**主語の明示・他との区別**を表す
ば　**仮定・理由**を表す
読まない　**時を示す語**につける　**例**「昔者《むかし》」「今者《いま》」「向者《さき》」
※「者」は上の用言を体言化したり、上の名詞を主語として明示・強調したりする
※本書では「者」を助詞として扱うが、助詞の他に名詞や接続詞の働きを認める考え方もある

第2文　「楚」が国名なので、その下の「人」は「ひと」と読むのが慣例です。すなわち「そひと」と読み、〝楚の国の人々〟の意です。「謂」は「いフ」と読む動詞で、その補語になるのが「狙公」です。「之」は前文の「養狙以為生者」を指す代名詞。「謂」以下、動詞＋目的語＋補語という構成です。まさに英文の第五文型（S＋V＋O＋C）と同じです（→満点のコツその11 p109）。

第3文　この文では**問2**を解きます。まず主語の「狙公」が省略されていることに注意してください。「部分」はその述語動詞で、「衆狙（衆は〝数が多い〟の意）」はその目的語です。この熟語「部分」は「庭」から返るので、「庭」に一点、「部」と「分」の間に二点がつきます。「于」は場所を表す前置詞です。

問2　傍線部に入ります。「**使**」以下、**使役形**「**使A～(Aをして～しむ)**」（Aは体言）であることに気づくことが肝心です。設問は返り点・送り仮名・書き下し文を尋ねています。

①　使ム下老狙ヲシテ率ヰテ以テ之キ二山中ニ一、求メ中草木之実ヲ上

老狙をして率《ひき》ゐて以て山中に之《ゆ》き、草木の実を求めしむ

② 使ヒテ二老狙ヲ一率ネテ以テ之カシメ二山中ニ一、求ム二草木之実ヲ一

老狙を×使ひて×率《おほむ》ね以て山中に之かしめ、草木の実を求む

③ 使メテ二老狙ヲシテ率ヘ一以テ之キ二山中ニ一、求ム二草木之実ヲ一

老狙をして×率《とら》へしめて以て山中に之き、草木の実を求む

④ 使シ老狙率ヰテ以テ之カバ二山中ニ一、求ム二草木之実ヲ一

×使《も》し老狙率《ひき》ゐて以て山中に之かば、草木の実を求む

⑤ 使ム下老狙ヲバ率ヘテ以テ之キ二山中ニ一、求メ中草木之実ヲ上

×老狙をば×率《とら》へて以て山中に之き、草木の実を求めしむ

「老狙」が名詞、「率」が動詞ですから、少なくとも「**老狙をして～しむ**」と読まなければならないことがわかります。選択肢の①と③が該当します。すなわち老猿に猿たちを連れさせ、山へ行かせ、草木の実を求めさせたという内容です。これに対して③は「率」を「とらフ」と読み、これのみ「使」にかけています。①は「率」を「ひきヰル」と読み、「之（ゆク）」、「求（もとム）」とともに「使」にかけています。すなわち老猿に猿たちを連れさせ、山へ行かせ、草木の実を求めさせたという内容です。これに対して③は「率」を「とらフ」と読み、これのみ「使」にかけています。老猿に猿たちを捕らえさせ、山に行き、草木の実を求めたという内容です。どちらの内容が文脈的に適切でしょうか。もちろん前者です。よって①が正解です。実は「率」には「とらフ」という読みはありませんし、「引率」という熟語を考えるまでもなく、「率」を「ひきヰル」と読むことは既習事項です。返り点は、「中」から「山」をはさんで「之」に返るので、それぞれに一・二点がつきます。さらにこれらをはさんで「実」→「求」→「使」と返るので、それぞれに上・中・下点がつきます。なお②は「使」を「使ひ」と動詞で読んでいる点で、④は「使《も》し」と接続詞で読んでいる点で既に間違いです（どちらも読みとしては可能です）。⑤は「老狙をば」と読んでいる点で既に間違いです。末尾に「求めしむ」とあっても、引っかかってはいけません。

第4文 主語は前文と同じく狙公です。「賦」は「徴収する」という注がつきます。「賦役」「天賦」「月賦（＝ローン）」などの熟語があります。「什一」も「十分の一」という注がつきます。「什」は「十」に同じ。このように割合は数字を並べて表します。「什二」なら「十分の二」です。「自」は「みづから」と読む副詞で、**自分自身を動作の対象にする**ことを表します。すなわち自分**を**「奉（＝養う）」わけです。英語の再帰代名詞（myself など）の用法（目的語）と同じです。ただし「自（みづから）」には〝自分で〟の意もありますので、注意してください。

重要語法その13 「自」の読み・用法

みづから **副詞**

例 常ニ著《あらは》シテ二文章ヲ一**自**ラ娯《たの》シム（常に文章を著して**自ら**娯しむ）
＝いつも文章を書いては自分で楽しむ

例 無キ二**自**ラ信ズル一也（**自ら**信ずる無きなり）＝自分を信用できない

おのづから **副詞**

例 桃李《たうり》不レドモレ言ハ下**自**ラ成スレ蹊《みち》ヲ（桃李言はざれども下**自ら**蹊を成す）
＝桃やすももは何も言わないが、人が集まってきてその下に自然と道ができる

より **前置詞**

例 禍《わざはひ》ハ**自**リレ口出《い》ヅ（禍は口**より**出づ）＝災いは口を慎まないことから起こる

第5文 「或（あるイハ）」は〝ある時は。ある場合は〟の意の接続詞です。「不給」を「給せずんば」と**仮定形**で読むのは、下に順接の仮定条件を示す接続詞「**則**（すなはチ）」があるからです。「給」は〝足りる〟の意です。**草木の実が足りなければ**という内容で、「則」以下、主語が狙公に変わります。**猿たちをむちで打った**という内容です。文末の「焉」は断定の助詞です。

第6文 主語は「群狙（＝猿の群れ）」。「畏」は「畏怖」「畏敬」の「畏」で、〝恐れる〟の意です。「之」は「鞭箠」を指す代名詞。「弗」は「不」に同じ。「弗敢〜（あへて〜ず）」は〝決して〜ない〟の意です（→p68）。「違（たがフ）」は〝背く〟の意。「也」は断定の助詞です（→重要語法 その8 p82）。

ここまで、**猿飼いの親方が暴力をちらつかせながら猿たちを支配している様子**が描かれます。

第一段落後半

第一段落後半の内容を把握します。本論（展開）に当たります。

❼一日、有《リテ》二小狙《ニ》一謂《ヒテ》二衆狙《ニ》一曰《ハク》、「山之果、公所樹与。」❽曰《ハク》、「否《しからザル》也。」

天《ノ》生《ズル》也《ト》。」❾曰《ハク》、「非《ズンバ》レ公《ニ》不《ル》二得《テ》而取《ラ》一与《ト》。」❿曰《ハク》、「否《ザル》也。皆得《テ》而取《ル》也《ト》。」

⓫曰《ハク》、「然《ラバ》則《チ》吾何《ゾ》仮《リテ》二於彼《ニ》一而為《スガ》二之役《ヲ》一乎《ト》。」⓬言未《ダ》レ既《つキルニ》、／衆狙皆寤《さム》。

⓭（衆狙）其《ノ》夕、相《ヒ》与《ニ》伺《ヒ》二狙公之寝《いヌルヲ》一、破《リ》レ柵《ヲ》毀《こぼチ》レ柙《をりヲ》、取《リ》二其《ノ》積(2)《ヲ》一、相《ヒ》携《ヘテ》而入《リ》二

于林中《ニ》一、不《タ》二復帰《ラ》一。⓮狙公卒《つひニ》餒《うヱテ》而死《ス》。

第7文 この文では**問3**を解きます。「一日」は〝ある日〟の意です。「小狙（＝小猿）」が実質的な主語になります。「**謂**レ**A曰**（Aに謂ひて曰はく）」は〝Aに向かって言う〟の意を表します。すなわち「小狙」が話し手で、「衆狙（＝多くの猿たち）」が聞き手です。以下、両者の対話が続きます。

問3 傍線部に入ります。「之」は「山」が「果」にかかることを表す連体修飾格を表す助詞。「山之果」が主語で、その下が述語になります。「公」は「狙公」の「狙」を省略したものです。「所」は下の用言を体言化する助詞で、ここは「樹」が「うウ」と読む動詞になりますから、「**うウルところ**」と読みます（「うう」は古文ではワ行下二段活用です）。末尾の「与（か）」は**疑問の助詞**です。それでは選択肢を吟味します。

① 山の果は、公の樹《う》うる所か
　山の木の実は、猿飼いの親方が植えたものか

② 山の果は、公の所の樹《き》か
山の木の実は、猿飼いの親方の土地の木に生《な》ったのか

③ 山の果は、公の樹《う》ゑて与ふる所か
山の木の実は、猿飼いの親方が植えて分け与えているものなのか

④ 山の果は、公の所に樹《う》うるか
山の木の実は、猿飼いの親方の土地に植えたものか

⑤ 山の果は、公の樹《う》うる所を与ふるか
山の木の実は、猿飼いの親方が植えたものを分け与えたのか

まず「所」に着眼して「樹うる所」と書き下した①と⑤に絞ります（→**重要語法 その5** p64）。②と④は「所」を“場所”の意の名詞にとっています（ただし「所」に名詞の用法はあります）。次に「与」を「か」と読む①を正解として選択します。③と⑤は「与ふる」と動詞で読む点で誤りです。もちろん「与」には動詞の用法もありますが（→**重要語法 その11** p97）、傍線部で問われたら助詞と見るべきです（→**疑問形** p81）。

第8文 「衆狙」が話し手です。「否」は「しからズ」と読み否定の意を表します。「天」が主語で「生（＝作りだす）」が述語です。要するに**山の木の実は自然に生《な》ったものだ**ということです。「也（なり）」は断定の助詞。

第9文 「小狙」が話し手です。「**非〜不〜**（〜ニ非《あら》ズンバ（非ザレバ）〜ず）＝〜でなければ〜（し）ない」の句形が出てきます（→p72）。“狙公**でなければ**（木の実を）取ることはでき**ない**のか”の意です。置き字「而」は「**得**」と「**取**」をつなぐ接続詞。「得」はここは動詞の用法です。「得而取」の目的語である「山之果」が省略されています。「与（か）」はやはり**疑問**の助詞になります。

第10文　「衆狙」が話し手です。「皆」は〝誰でもみんな〟の意。「也」は断定の助詞。

第11文　「小狙」が話し手です。「**然則**（しかラバすなはチ）」は直前の内容を受けて、〝そうだとすれば～だ〟の意を表す接続句です。「吾（われ）」は一人称の代名詞で主語になります。「**何～乎**（何ぞ～や）」が**疑問形**を作ります。「仮」は「かル」と読む動詞で〝借りる〟の意。狙公から山の木を借りて、代わりに採取した木の実の一部を差し出すということです。「於」は対象を表す前置詞。「**彼**」は狙公を指す代名詞です。**第7文・第9文**のように「公」と言わないのは、**もはや親方として敬ってはいない**からです。わざと「**彼**（＝あいつ）」と言っているわけです（自分より地位の高い人物に対しては二人称・三人称の代名詞を使わず、その人の役職などを表す言葉を用いて敬意を表すのは日本語も同じです。例えば担任の教師を「あなた」「彼」とは呼ばず、「先生」と呼ぶように）。「而」は接続詞。「為」は「なス」と読む動詞。「之」は狙公を指す代名詞。「役」は〝仕事。役目〟の意で、山から木の実を採取してくることをいいます。

第12文　「言《げん》」とは直前の「小狙」の言葉をいいます。「未（いまだ～ず）」が**再読文字**。「既」は〝尽きる。終わる〟の意（〝食べ尽くす〟という意もあります。「皆既日食」）。「言未既」で〝まだ言い終わらないうちに〟の意です。この後は「衆狙」が主語になります。「寤（さム）」は「覚」に同じで〝悟る〟の意。**猿たちは親方に正当な理由もなくこき使われていたことを悟った**ということです。

第13文　この文では**問1**の(2)を解きます。主語は「衆狙」。「夕」は〝夕方。夜〟の意。「相（あヒ）」「与（ともニ）」はいずれも〝いっしょに〟の意の副詞です。「之」は主格の助詞で「狙公之寝」が名詞節となり、「伺（うかがフ）」の目的語になります。「破」「毀」「取」と述語動詞が続きます。「其積」の「其（そノ）」が前の内容を指す代名詞であること、また猿たちは親方が寝入ったすきに柵《さく》や柙《おり》を壊して逃げ出したというのが前後の文脈であることから、「積《せき》」は〝たくわえ〟の意で、**親方が猿たちに集めさせた木の実**をいうことがわかります。

問1 (2) では選択肢を見ます。

① 積極　② 積年　③ 積分　④ 蓄積　⑤ 容積

④が正解です。①・②・③は〝積み重ねる〟、⑤は〝広さ。かさ〟の意です。

続けて見ていきます。「相携（あヒたづさフ）」は〝連れ立って〟の意。「而」は接続詞。「于」は場所を表す前置詞です。「**不復～**（また～ず）」は**部分否定**の句形で、**二度と帰らなかった**という内容です（**→部分否定**p76）。

第14文 「狙公」が主語です。「卒（つひニ）」は〝結局。最後には〟の意。「餒」は「飢」と同じ。**生活の手段である「衆狙」を失った狙公は死んでしまった**という内容です。

素朴な疑問を抱いた賢い小猿が他の猿たちの蒙《もう》を啓《ひら》いて親方から自由になるということまでの筋は、映画『猿の惑星　創世記』を先取りしたような、実に見事な展開だと思います。

第二段落

第二段落の内容を把握します。結論（教訓）に当たります。会話文を三文に分けて吟味します。

⑮ 郁離子《いくりし》曰ハク、「Ⅰ 世ニ有ルハ下以テレ術ヲ使ヒテレ民ヲ而無キ二道揆一者上、其レ如キ二狙公一ノ乎。Ⅱ 惟其昏而未レ覚也。Ⅲ 一旦有ラバレ開クコトヲレ之、其ノ術窮セント矣。」

「郁離子」は注にあるように、劉基の自称であるとともに書名でもあります。この書は**寓話《ぐうわ》集**（＝擬人化した動物などを主人公にして、風刺や教訓を込めて書かれた物語集）で、書名は『論語』と『易経』に依拠してつけられています。実際、この文章も第一段落が猿飼いの親方と猿たちをテーマとした寓話になり、第二段落がこの寓話から引き出した教訓になります。

第Ⅰ文 「以術使民而無道揆者」が実質的な主語になります。「以」は手段・方法を表す前置詞です。「術」は〝術策。策略〟の意。「使」は「民」から返るように動詞になります。「而」は接続詞。「道揆」は注がつきます。「者」は「以」以下を名詞化する助詞です。**道理ではなく策略を用いて民衆を使役するような悪い為政者《いせい》**（政治家）ということです。「**其～乎**」は「それ～か」と読んで**推量**（～だろうか）ととることもできるし、「それ～かな」と読んで**詠嘆**（なんと～なあ）ととることもできますが、いずれの場合も「其」は強調の助詞になります。「如」は〝～のようだ〟の意を表し、この**為政者を狙公になぞらえます**。

第Ⅱ文 **問4**を解きます。「惟」は「ただ～（のみ）」と読む**限定**の副詞です（↓限定p100）。「其（それ）」が主語になりますから、これは代名詞です。ここはもう為政者と民衆の関係を論じる文脈になっていますから、「其」は「民」を指します。「昏」は「黄昏《たそがれ》」「昏睡《こんすい》」の「昏」で、「くらシ」と読む形容詞です。〝暗い〟の意ですが、ここは「民」が主語なので〝道理に暗い。愚かだ〟の意になります。「而」は接続詞。「未」は**再読文字**で、「覚（さとル・さム）」からレ点で返ります。「也」は断定の助詞です。それでは選択肢を吟味します。

① ただ民たちが疎くてこれまで気付かなかっただけである
② ただ民たちがそれまでのやり方に満足していただけである
③ ただ猿たちがそれまでのやり方に満足しなかっただけである
④ ただ猿飼いの親方がそれまでのやり方のままにしただけである
⑤ ただ猿飼いの親方が疎くて事態の変化にまだ気付いていなかっただけである

選択肢はいずれも「ただ〜だけである」と**限定**に訳しています。「**其**」を①・②は「民たち」と解釈し、③は「猿たち」と解釈し、④・⑤は「猿飼いの親方」と解釈しています。よって①・②に絞ります（少なくとも③ははずせます）。次に「昏」を「疎く（＝よく知らない。理解が不十分だ）」と解釈した①を正解として選択します。仮に「昏」の意味がわからなくても、接続詞「而」に着眼して「**〜て…**」と訳すことがわかれば①を選択できます。「気付かなかった」というのは、為政者が策略を用いて民衆を使役することに気づかなかったということです。

第Ⅲ文 「一旦」は〝ひとたび〟の意で、物事が起こるのを仮定するときに用いられます。「開之」は名詞句になり、「之」は「民」を指す代名詞、「開」は〝さとす。啓蒙する〟の意の他動詞です（動詞の下に代名詞「之」がつくと、その動詞は他動詞になります）。「窮（きウス）」は「困窮」の「窮」で、〝行き詰まる〟の意です。「矣」は断定の助詞。**悪い政治家の策略によって使役されていることを民衆に悟らせたら、その策略は行き詰まる**という内容です。政治家に対する戒め・教訓であると同時に、民衆に対する警告・教訓ともなります。

では**問5**を解きます。共通テストに特徴的な形式の設問です。

問5（i）【文章Ⅰ】は「朝三暮四」の典拠となった話です。**朝三つ夕方四つ**も、**朝四つ夕方三つ**も、合計すれば七つという点は同じなのに、**朝四つ**という目先の利益に目がくらんで喜んでしまうという猿の愚かさを寓話的に描いたものです。ここから「朝三暮四」とは〝**目先の違いに気をとられて、実際は同じであるのに気づかないこと**〟、あるいは〝**言葉巧みに人をだますこと**〟の意で使われます。選択肢を確認します。

① おおよそ同じだが細かな違いがあること
② 朝に命令を下し、その日の夕方になるとそれを改めること
③ 二つの物事がくい違って、話のつじつまが合わないこと
④ 朝に指摘された過ちを夕方には改めること
⑤ 内容を改めないで口先だけでごまかすこと

よって「口先だけでごまかす」とある⑤が正解となります。①は「大同小異」、②は「朝令暮改」、③は「矛盾」を説明したものです。④は該当する故事成語がありません。

参考までに『荘子』の該当箇所をあげておきます。

狙公賦《わかチテ》レ茅《とちヲ》曰《ハク》、「朝《ハ》三《ニシテ》而暮《ハ》四《ニセント》。」衆狙皆怒《いかル》。曰《ハク》、「然《しかラバ》則《すなはチ》朝《ハ》四《ニシテ》而暮《ハ》三《ニセント》。」衆狙皆悦《よろこブ》。

（『荘子』斉物論篇第二）

（狙公茅を賦ちて曰はく、「朝は三にして暮は四にせん」と。衆狙皆怒る。曰はく、「然らば則ち朝は四にして暮は三にせん」と。衆狙皆悦ぶ。）

問5（ii） Y 直後の文に「猿飼いの親方と猿との関係が変わってしまった」とあります。これは生徒Aが「猿飼いの親方はむちで猿を従わせているよ」という生徒Bの発言をふまえて述べたもので、**親方と猿の関係が主従関係でなくなった**ことをいったものです。すなわち、**猿たちが親方の元を逃げ出して自由になった**ことをいいます。では選択肢を確認します。

① 猿飼いの親方がむちを打って猿をおどすようになったこと
② 猿飼いの親方が草木の実をすべて取るようになったこと
③ 小猿が猿たちに素朴な問いを投げかけたこと
④ 老猿が小猿に猿飼いの親方の素性を教えたこと
⑤ 老猿の指示で猿たちが林の中に逃げてしまったこと

Y 直後にいう「運命の分かれ目」とは**親方と猿の関係が変化するきっかけとなった事柄**をいいますから、③が正解となります。親方に使役されることに疑問を感じた賢い小猿の問いかけが話のターニングポイントになります。①は両者の関係が変わる前をいったものです。②・④は本文に書かれていません。⑤は「老猿の指示で」が誤りで、やはり書いてありません。

問5 (iii) さっそく選択肢を吟味します。消去法で解きます。

① 世の中には「術」によって民を使うばかりで、「道揆」に合うかを考えない猿飼いの親方のような者がいる
② 世の中には「術」をころころ変えて民を使い、「道揆」に沿わない猿飼いの親方のような者がいる
③ 世の中には「術」をめぐらせて民を使い、「道揆」を知らない民に反抗される猿飼いの親方のような者がいる
④ 世の中には「術」によって民を使おうとして、賞罰が「道揆」に合わない猿飼いの親方のような者がいる
⑤ 世の中には「術」で民をきびしく使い、民から「道揆」よりも多くをむさぼる猿飼いの親方のような者がいる

① 「世有以術使民而無道揆者、其如狙公乎」の内容に合致し、正解です。
② 「『術』をころころ変えて」が不適です。「朝令暮改」に引っかけた選択肢です。

③『道揆』を知らない民に反抗される」が不適です。「一旦有開之、其術窮矣」とあるように、道理に暗かった民衆が道理を悟ることで為政者の「術」を無効にするわけです。

④「賞罰が『道揆』に合わない」が不適です。「賞罰」のことは本文で触れられていません。

⑤「『道揆』よりも多くをむさぼる」が不適です。猿飼いの親方は十分の一という徴収の割合を変えていません。

満点のコツその14 選択肢は多数決が原則

選択肢が冒頭または他の部分でパターン化されて、同じ表現のものが二つ・三つと並ぶ場合、原則として多数決で絞ればよい。例えば選択肢が五つの場合は次のように考える。

3・1・1 の場合→3の中に正解がある
2・2・1 の場合→1は正解にならない
3・2 の場合→3の中に正解があることが多い

解答・書き下し文・現代語訳

解答

問1 (1)② (2)④（各4点） 問2 ①（7点） 問3 ①（7点）
問4 ①（7点） 問5 (i)⑤ (ii)③ (iii)①（各7点）

書き下し文

楚《そ》に狙《そ》を養ひて以て生を為《な》す者有り。楚人之《そひとこれ》を狙公《そこう》と謂《い》ふ。旦日《たんじつ》必ず衆狙《しうそ》を庭に部分して、老狙《らうそ》をして率《ひき》ゐて以て山中に之《ゆ》き、草木の実を求めしむ。什《じふ》の一を賦《ふ》して以て自ら奉ず。或いは給せずんば、則《すなは》ち鞭箠《べんすい》を加ふ。群狙《ぐんそ》皆畏《おそ》れて之に苦しむも、敢《あ》へて違《たが》はざるなり。一日、小狙《せうそ》有りて衆狙に謂《い》ひて曰《い》はく、「山の果《くわ》は、公の樹《う》うる所か」と。曰はく、「否《しから》ざるなり。天の生ずるなり」と。曰はく、「公に非《あら》ずんば得て取らざるか」と。曰はく、「否ざるなり。皆得て取るなり」と。曰はく、「然《しか》らば則ち吾何《われなん》ぞ彼に仮《か》りて之《これ》が役《えき》を為《な》すや」と。言未《げんいま》だ既《つ》きざるに、衆狙皆寤《さ》む。其の夕、相《あ》ひ与《とも》に狙公の寝《い》ぬるを伺《うかが》ひ、柵《さく》を破り柙《をり》を毀《こぼ》ち、其《そ》の積《せき》を取り、相ひ携《たづさ》へて林中に入《い》り、復《ま》た帰らず。狙公卒《つひ》に餒《う》ゑて死す。

郁離子《いくりし》曰はく、「世に術《じゆつ》を以て民《たみ》を使ひて道揆《だうき》無き者有るは、其れ狙公のごときか。惟《た》だ其れ昏《くら》くして未だ覚《さと》らざるなり。一旦《いつたん》之を開くこと有らば、其の術窮《きう》せん」と。

現代語訳

楚の国に猿を飼育して生計を立てる者がいた。楚の国の人は彼を狙公と呼んだ。（狙公は）明け方決まって多くの猿たちを庭でグループごとに分けて、老猿に率いさせて山の中に行き、草木の実を探し求めさせた。（その）十分の一を徴収して自らの暮らしをまかなった。あるときは（草木の実が）足りなければ、むちで打った。猿の群れはみなむちを恐れ苦しんだが、決して背こうとはしなかった。ある日、小猿が多くの猿たちに向かって言うには、「山の木の実は、親方（＝狙公）が植えたものか」と。（猿たちが）言うには、「そうではない。天が生じさせたのだ」と。（小猿が）言うには、「親方でなければ取ることはできないのか」と。（猿たちが）言うには、「そうではない。誰でもみな取っている」と。（小猿が）言うには、「それならば僕はどうしてあいつから（山の木を）借り受けてあいつのために（木の実を取る）役目を果たしているのだろうか」と。（小猿の）言葉がまだ終わらないうちに、多くの猿たちはみな（親方のために働くことの不合理さに）気づいた。（それで）その晩、（猿たちは）ともに狙公が寝入ったのを見計らい、柵を破りおりを壊し、木の実の蓄えを奪い取り、いっしょに林の中に入り、二度と戻らなかった。（それで）狙公は結局飢えて死んでしまった。

郁離子が言うには、「世の中に策略を用いて民を使役し、道理にかなった決まりを用いない者（＝為政者）がいるのは、ちょうど狙公と同じようなものだろうか。ただ民たちが疎くてこれまで気づかなかっただけである。ひとたび彼らを啓蒙したなら、その策略は行き詰まってしまうだろう」と。

第2講 受験勉強 —比喩表現に強くなろう—

第1講と同じく二つの文章から成りますが、同一作者による「予想問題」と「模擬答案」という特殊な形式になります。

唐の白居易は、皇帝自らが行う官吏登用試験に備えて一年間受験勉強に取り組んだ。その際、自分で予想問題を作り、それに対する模擬答案を準備した。次の文章は、その【予想問題】と【模擬答案】の一部である。これを読んで、後の問い（問1〜7）に答えよ。なお、設問の都合で本文を改め、返り点・送り仮名を省いたところがある。

【予想問題】

問《フ》、自《リ》レ古《いにしへ》以来、A君《タル》者無《ク》レ不《ルハ》レ思《ハ》レ求《ムルヲ》二其《ノ》賢《ヲ》一、賢《ナル》者罔《なシ》レ不《ルハ》レ思《ハ》レ効《いたスヲ》二其《ノ》用《ヲ》一。然《レドモ》両《ふたツナガラ》不《ルハ》二相《あひ》遇《ハ》一、其《ノ》故《ハ》何《ゾ》哉。今欲《スルニ》レ求《メント》レ之《ヲ》、其《ノ》術《ハ》安《クニ》在《リヤ》。

【模擬答案】

臣(注1)聞《ク》、人君《タル》者無《ク》レ不《ルハ》レ思《ハ》レ求《ムルヲ》二其《ノ》賢《ヲ》一、人臣《タル》者無《シト》レ不《ルハ》レ思《ハ》レ効《スヲ》二其《ノ》用《ヲ》一。然《リ》而《シテ》君《ハ》求《メントシテ》レ賢《ヲ》而不レ得、臣《ハ》効《サントシテ》レ用《ヲ》而（ア）無レ由者、B豈不以貴賤相懸、朝野（注2）相隔、堂（注3）遠於千里、門（注4）深於九重。臣（イ）以為、求《ムルニ》レ賢《ヲ》有《リ》レ術、（ウ）弁レ賢《ヲ》有《リ》レ方。方術者、各《おのおの》審《つまびラカニシ》二其《ノ》族類《ヲ》一、使《ムル》二之《ヲシテ》推薦《セ》一而已。近《ク》取《レバ》二諸《これヲ》喩《たとへニ》一、C其《レ》猶《ホ》《キ》二線《いとト》与《ノ》レ矢也。線《ハ》因《リテ》レ針《ニ》而入《リ》、矢《ハ》待《チテ》レ弦《ヲ》而発《ス》。雖《モ》レ有《リト》二線矢一、苟《クモ》無《クンバ》二針弦一、求《ムルモ》二自《ラ》致《スヲ》一焉、不《ル》レ可《カラ》レ得也。夫《レ》必《ズ》以《テスル》二族類《ヲ》一者、蓋《シ》賢愚有《リ》レ貫《クコト》、善悪有《リ》レ倫《ともがら》、若《シ》以《テ》レ類《ヲ》求《ムレバ》、D X 以類至。此《レ》亦《タ》猶《ホ》《ク》二水《ノ》流《レ》レ湿《ニ》、火《ノ》就《クガ》レ燥《ニ》、E自然之理也。

（白居易『白氏文集』による）

（注）
1 臣――君主に対する臣下の自称。
2 朝野――朝廷と民間。
3 堂――君主が執務する場所。
4 門――王城の門。

問1 波線部(ア)「無レ由」、(イ)「以為」、(ウ)「弁」のここでの意味として最も適当なものを、次の各群の①～⑤のうちから、それぞれ一つずつ選べ。

(ア)「無レ由」
① 方法がない
② 伝承がない
③ 原因がない
④ 意味がない
⑤ 信用がない

(イ)「以為」
① 考えるに
② 同情するに
③ 行うに
④ 目撃するに
⑤ 命ずるに

(ウ)「弁」
① 弁償するには
② 弁護するには
③ 弁解するには
④ 弁論するには
⑤ 弁別するには

問2 傍線部**A**「君者無レ不レ思レ求二其賢一、賢者罔レ不レ思レ効二其用一」の解釈として最も適当なものを、次の①～⑤のうちから一つ選べ。

① 君主は賢者の仲間を求めようと思っており、賢者は無能な臣下を退けたいと思っている。
② 君主は賢者を顧問にしようと思っており、賢者は君主の要請を辞退したいと思っている。
③ 君主は賢者を登用しようと思っており、賢者は君主の役に立ちたいと思っている。
④ 君主は賢者の意見を聞こうと思っており、賢者は自分の意見は用いられまいと思っている。
⑤ 君主は賢者の称賛を得ようと思っており、賢者は君主に信用されたいと思っている。

問3　傍線部B「豈不以貴賤相懸、朝野相隔、堂遠於千里、門深於九重」の返り点の付け方と書き下し文との組合せとして最も適当なものを、次の①～⑤のうちから一つ選べ。

① 豈不㆑以㆓貴賤相懸㆒、朝野相隔、堂遠㆓於千里㆒、門深㆓於九重㆒
豈に貴賤相懸《あひへだ》たるを以てならずして、朝野相隔たり、堂は千里よりも遠く、門は九重よりも深きや

② 豈不㆑以㆓貴賤相懸、朝野相隔㆒、堂遠㆓於千里㆒、門深㆓於九重㆒
豈に貴賤相懸たり、朝野相隔たるを以てならずして、堂は千里よりも遠く、門は九重よりも深きや

③ 豈不㆑以㆔貴賤相懸、朝野相隔、堂遠㆓於千里㆒、門深㆓於九重㆒
豈に貴賤相懸たり、朝野相隔たり、堂は千里よりも遠きを以てならずして、門は九重よりも深きや

④ 豈不㆘以㆔貴賤相懸、朝野相隔、堂遠㆓於千里㆒、門深㆗於九重㆖
豈に貴賤相懸たり、朝野相隔たり、堂は千里よりも遠きを以て、門は九重よりも深からずや

⑤ 豈不㆑以㆘貴賤相懸、朝野相隔、堂遠㆓於千里㆒、門深㆗於九重㆖
豈に貴賤相懸たり、朝野相隔たり、堂は千里よりも遠く、門は九重よりも深きを以てならずや

問4　傍線部C「其猶㆓線与㆑矢也」の比喩は、「線」・「矢」のどのような点に着目して用いられているのか。最も適当なものを、次の①～⑤のうちから一つ選べ。

① 「線」や「矢」は、単独では力を発揮しようとしても発揮できないという点。
② 「線」と「矢」は、互いに結びつければ力を発揮できるという点。
③ 「線」や「矢」は、針や弦と絡み合って力を発揮できないという点。
④ 「線」と「矢」は、助け合ったとしても力を発揮できないという点。
⑤ 「線」や「矢」は、針や弦の助けを借りなくても力を発揮できるという点。

問5　傍線部**D**「X以類至」について、(a)空欄Xに入る語と、(b)書き下し文との組合せとして最も適当なものを、次の①～⑤のうちから一つ選べ。

① (a) 不　(b) 類を以てせずして至ればなり
② (a) 何　(b) 何ぞ類を以て至らんや
③ (a) 必　(b) 必ず類を以て至ればなり
④ (a) 誰　(b) 誰か類を以て至らんや
⑤ (a) 嘗　(b) 嘗《かつ》て類を以て至ればなり

問6　傍線部**E**「自然之理也」はどういう意味を表しているのか。その説明として最も適当なものを、次の①～⑤のうちから一つ選べ。

① 水と火の性質は反対だがそれぞれ有用であるように、相反する性質のものであってもおのおの有効に作用するのが自然であるということ。
② 水の湿り気と火の乾燥とが互いに打ち消し合うように、性質の違う二つのものは相互に干渉してしまうのが自然であるということ。
③ 川の流れが湿地を作り山火事で土地が乾燥するように、性質の似通ったものはそれぞれに大きな作用を生み出すのが自然であるということ。
④ 水は湿ったところに流れ、火は乾燥したところへと広がるように、性質を同じくするものは互いに求め合うのが自然であるということ。
⑤ 水の潤いや火による乾燥が恵みにも害にもなるように、どのような性質のものにもそれぞれ長所と短所があるのが自然であるということ。

問7　【予想問題】に対して、作者が【模擬答案】で述べた答えはどのような内容であったのか。その説明として最も適当なものを、次の①～⑤のうちから一つ選べ。

① 君主が賢者と出会わないのは、君主が賢者を採用する機会が少ないためであり、賢者を求めるには採用試験をより多く実施することによって人材を多く確保し、その中から賢者を探し出すべきである。

② 君主が賢者と出会わないのは、君主と賢者の心が離れているためであり、賢者を求めるにはまず君主の考えを広く伝えて、賢者との心理的距離を縮めたうえで人材を採用するべきである。

③ 君主が賢者と出会わないのは、君主が人材を見分けられないためであり、賢者を求めるにはその賢者が党派に加わらず、自分の信念を貫いているかどうかを見分けるべきである。

④ 君主が賢者と出会わないのは、君主が賢者を見つけ出すことができないためであり、賢者を求めるには賢者のグループを見極めたうえで、その中から人材を推挙してもらうべきである。

⑤ 君主が賢者と出会わないのは、君主が賢者を受け入れないためであり、賢者を求めるには幾重にも重なっている王城の門を開放して、やって来る人々を広く受け入れるべきである。

（二〇二三年度・本試験）

読解・設問解説

予想問題

三文から成ります。第2文・第3文がともに疑問文で、二つの疑問が提起されます。

解答は152ページ

❶問《フ》、自《リ》レ古《いにしへ》以来、**君者**《タル》無《ク》レ不《ルハ》レ思《ハ》レ求《ムルヲ》二其《ノ》賢《ヲ》一、**賢者**《ナル》罔《なシ》レ不《ルハ》レ思《ハ》レ効《いたスヲ》二其《ノ》用《ヲ》一。❷然《レドモ》両《ふたツナガラ》不《ルハ》二相《あひ》遇《ハ》一、其《ノ》故《ハ》何《ゾ》哉。❸今欲《スルニ》レ求《メント》レ之《ヲ》、其《ノ》術《ハ》安《クニ》在《リヤ》。

第1文 この文では**問2**を解きます。「問」は〝問題〟というほどの意で、「自古」以下がその内容です。「自」は「より」と読む前置詞。「自古以来」で〝古代からこのかた〟の意です。傍線部**A**は解釈が問われます。**前半と後半が対句になっている**点に注意してください。すなわち**「君者」**に**「賢者」**が対応し、いずれも主語になり（「者」は主語を明示して強調する助詞です）、その下が述語になります。また**「無不思」**に**「罔不思」**が対応し、いずれも「〜（せ）ざルハなシ」と読む**二重否定**の句形になります。〝〜しないものはない〟の意ですから、思わないものはない、すなわち思っているということです。さらに**「求其賢」**に**「効其用」**が対応し、いずれも動詞＋目的語の形になります。「其」はいずれも代名詞で、前者は「君者」を、後者は「賢者」を指します。前者は自分の賢者、すなわち**自分に仕える賢者を求める**という内容です。後者は「効用（＝ききめ）」という熟語が思いつけばOK。「用」は〝はたらき〟の意。**自分のはたらきを尽くす**という内容です。

問2 では選択肢を見てみます。

① 君主は賢者の仲間を求めようと思っており、賢者は無能な臣下を退けたいと思っている。
② 君主は賢者を顧問にしようと思っており、賢者は君主の要請を辞退したいと思っている。
③ 君主は賢者を登用しようと思っており、賢者は君主の役に立ちたいと思っている。

④　君主は賢者の意見を聞こうと思っており、賢者は自分の意見は用いられまいと思っている。
⑤　君主は賢者の称賛を得ようと思っており、賢者は君主に信用されたいと思っている。

まず、「其賢」に着眼して「賢者」と解釈した②・③に絞ります。①の「賢者の仲間」、④の「賢者の意見」、⑤の「賢者の称賛」は誤りとなります。次に「用」に着眼すれば、「役に立ちたい」と解釈した③が正解とわかります。②の「要請を辞退したい」という解釈はどう考えても無理があります。

第2文　「然（しかレドモ）」は逆接の接続詞です。「両（ふたツナガラ）」は「両者」の「両」で、「君者」と「賢者」を指します。「不相遇」は出会わないということ。「故」は〝理由〟。「何哉（なんゾや）」は〝どうしてか〟の意の**疑問形**を作ります。**「君者」と「賢者」が出会わないのはなぜか**という第一の疑問が提起されます。

第3文　「今」は〝もし〟の意の副詞です。「欲（ほっス）」は〝ほしがる。望む〟の意の動詞。「求之」の「之（これ）」は代名詞で、「賢者」を指します。「術」は〝術策。てだて〟の意。「安（いづクニ）」が疑問の副詞となり、〝どこに〟の意です。**「賢者」を求めるにはどうすればよいか**という第二の疑問が提起されます。

模擬答案前半

では模擬答案の第一段落に入ります。第一の疑問に対する答えが示されます。

1 臣聞《ク》、人君者《タル》無《ク》レ不《ルハ》レ思《ハ》レ求《ムルヲ》二其《ノ》賢《ヲ》一、人臣者《タル》無《シト》レ不《ルハ》レ思《ハ》レ効《スヲ》二其《ノ》用《ヲ》一。**2** 然《リ》而《シテ》君《ハ》求《メントシテ》レ賢《ヲ》而不レ得、臣《ハ》効《サントシテ》レ用《ヲ》而(ア)無レ由者、B豈不以貴賤相懸、朝野相隔、堂遠於千里、門深於九重。

第1文 「臣」は注がつきますが、頻出の重要語なのでその意味を覚えておいてください。臣下の自称です。すなわち作者である白居易を指します。「聞」の対象は「人君者」以下、文末までです。この「人君者……効其用」の部分が予想問題の傍線部**A**とほぼ同じであることに注意してください。「君者」が「人君者」に、「賢者」が「人臣者」に変わっているだけです。ここから「賢者」が君主（皇帝）に仕える臣下のことであることがはっきりします。

第2文 この文では問1(ア)と問3を解きます。「然而（しかりしかうシテ）」は接続詞で（「然」「而」いずれも単独でも接続詞になります）、ここは逆接の意（それなのに）を表します。「君求賢而不得」と「臣効用而無由」がやはり、**主語＋動詞＋目的語＋接続詞＋否定詞＋動詞**という語構成の**対句**になります。共通の「而」が接続詞で、ここは置き字として読まない代わりに、「求めんとして」「効さんとして」と、「**して**」を送り仮名につけます。助詞「者」は「は」と読み、直前の「君求……無由」を名詞化します。

問1 (ア) では「無レ由」の語意問題を解きます。

① 方法がない　② 伝承がない　③ 原因がない　④ 意味がない　⑤ 信用がない

「無」は〝～がない〟の意を表す**返読文字**で、「由」から返ります。「由（よし）」は〝原因。てだて。てづる〟の意を表す名詞です。意味を確定するのは難しそうですが、ここは**対句**であることに手がかりを求めます。対句の前者は、〈君主は賢者を登用しようと思っても得られない〉という内容です。後者は、〈**臣下は君主の役に立ちたいと思っても……**〉という内容ですから（**問2**の正解**③**もヒントにします）、**①**が最も文脈に合致することがわかります。

問3 続けて**問3**を解きます。傍線部**B**の冒頭に「豈」があるからといって**反語（あるいは疑問）と即断してはいけません。**ここは「豈不」で「あニ～ずヤ」と読む**詠嘆形**となり、〝なんと～ではないか〟などと訳します。「以（もつテ）」は**前置詞**です（「以」には接続詞の用法もありますが、その場合は「～、以て…」とその前後をつなぎます）。前置詞は名詞や代名詞の前に置かれてそれらと句を成しますが、この場合**下のどの語句までを取り込んで句を成すか**という点が問題です（「貴賤」までか、「相懸」までか、あるいはそれ以下か）。これは難しい問題なので保留して先を見ます。すると**「貴賤相懸」**と**「朝野相隔」が対句**であることに気づきます。「**貴賤**」も「**朝野**」（注2）も対義語を組み合わせた熟語で主語になります。「相懸」と「相隔」が熟語です。「相（あひ）」は〝互いに（…しあう）〟の意の副詞。「懸」「隔」はいずれも「へだタル」と読む動詞です（「懸隔」という熟語があります）。さらに**「堂遠於千里」**と**「門深於九重」も対句**になります。「堂」と「門」が主語で、以下が述語です。「**遠**」「**深**」はいずれも形容詞。「**於**」は「**千里**」「**九重**」の前に置かれた前置詞で、ここは**比較**（～より・よりも）の用法になります。「**千**」と「**九**」はいずれも数が多いことを表す副詞です。このように対句が二組あることによって、長い文が堅牢な構造体となっています。

満点のコツその15 対句に注目しよう

漢文では**対句**が頻出する。対句は表現技巧の一つで、語数・構成・内容ともに**対応**（**対立**）する二つの句を**対にして表現したものをいう**。対句にすることで**二つの句の対照が際立つ**と同時に、**文の構造が堅固に**なり、また**リズムを生み出す**。漢詩（特に律詩）でよく見かけるが、散文でも珍しくない。**前後の二句が同じ構成**（主・述の関係、動詞＋目的語、前置詞＋名詞（この名詞を前置詞の目的語という）、形容詞＋名詞など）になっていないか、常に注視しながら読み進めることが重要である。

※対句のイメージ

▲△※晴❶❷X
↔↔↔↔↔↔　対になる文字が並ぶ
▼▽※雨①②Y

では選択肢を見てみます。

① 豈不レ以二貴賤相懸一、朝野相隔、堂遠二於千里一、門深二於九重一
　豈に貴賤相懸《あひへだ》たるを以てならずして、朝野相隔たり、堂は千里よりも遠く、門は九重よりも×深きや

② 豈不レ以二貴賤相懸、朝野相隔一、堂遠二於千里一、門深二於九重一
　豈に貴賤相懸たり、朝野相隔たるを以てならずして、堂は千里よりも遠く、門は九重よりも×深きや

③ 豈不レ以三貴賤相懸、朝野相隔、堂遠二於千里一、門深二於九重一
　豈に貴賤相懸たり、朝野相隔たり、堂は千里よりも遠きを以てならずして、門は九重よりも×深きや

④ 豈不下以三貴賤相懸、朝野相隔、堂遠二於千里一、門深中於九重上
　豈に貴賤相懸たり、朝野相隔たり、堂は千里よりも遠きを以て、門は九重×よりも深からずや

⑤　豈不レ以下貴賤相懸、朝野相隔、堂遠二於千里一、門深中於九重上

豈に貴賤相懸たり、朝野相隔たり、堂は千里よりも遠く、門は九重よりも深きを以てならずや

まず「豈不」に着眼して「豈に……ずや」と書き下した④と⑤に絞ります。①～③は「豈に……深きや」と、疑問文として書き下しています（句形の知識がいかに大切であるかを再確認してください）。次に**対句は書き下し文にも反映される**点を考慮すれば、「……よりも遠く」と「……よりも深き」とある⑤が正解だとわかります。④は「……よりも遠き」と「……よりも深からず」とが対句になっていません。そこで⑤をもう一度見ると、「以」は「貴賤」以下「九重」までを取り込んで句を形成していることがわかります。またこの「以」は**原因・理由を表す用法**になります。

模擬答案後半

では模擬答案の第二段落に入ります。先に示した**第二の疑問に対する答え**が示されます。

❶ 臣 (イ)以為、求《ムルニ》レ賢《ヲ》有《リ》レ術、(ウ)弁レ賢《ヲ》有《リ》レ方。❷ 方術者、各《おのおの》審《つまびラカニシ》二其《ノ》族類《ヲ》一、使《ムル》二之《ヲシテ》推薦《セ》一而已。❸ 近《ク》取《レバ》二諸《これヲ》喩《たとへニ》一、C其《レ》猶《ホ》《キ》二線《いとト》与《ノ》レ矢也。❹ 線《ハ》因《リテ》レ針《ニ》而入《リ》、矢《ハ》待《チテ》レ弦《ヲ》而発《ス》。❺ 雖《モ》レ有《リト》二線矢一、苟《クモ》無《クンバ》二針弦一、求《ムルモ》二自《ラ》致《スヲ》一焉、不《ル》レ可《カラ》レ得也。❻ 夫《レ》必《ズ》以《テスル》二族類《ヲ》一者、蓋《シ》賢愚有《リ》レ貫《クコト》、善悪有《リ》レ倫《ともがら》、若《シ》以《テ》レ類《ヲ》求《ムレバ》、D[X]以類至。❼ 此《レ》亦《タ》猶《ホ》《ク》二水《ノ》流《レ》レ湿《ニ》、火《ノ》就《クガ》レ燥《ニ》、E自然之理也。

第1文 問1(イ)・(ウ)を解きます。「臣」はやはり白居易を指します。「以為」は「おもへラク～」（↓p24）または「**もつテ～トなス**」と読む重要な連語です。前者なら〝思うに～。考えてみるに～〟、後者なら〝～と思う。～と考える〟の意です。

問1 (イ) 選択肢は次の通りです。

① 考えるに　② 同情するに　③ 行うに　④ 目撃するに　⑤ 命ずるに

文句なしに①が正解です。続く「求賢有術、弁賢有方」が「以為」の内容になります。「**求賢有術**」と「**弁賢有方**」が対句であることに気づいたと思います。まず前者について。「術」は「技術」「術策」の「術」ですから、**動詞＋目的語「賢」＋返読文字「有」＋名詞**という構成です。**賢者を求めるのに方法があるという内容**です。後者はこれに対応する内容になります。「弁」は「べんズ」と読む動詞で、〝わける。わきまえる。処理する〟といった意があります。

問1 (ウ) 選択肢は次の通りです。

① 弁償するには　② 弁護するには　③ 弁解するには　④ 弁論するには
⑤ 弁別するには

今ここは〈賢者を探して登用する〉という話ですから、⑤が文脈的に最も適当なことがわかります。すなわち**賢者を見分けるには方法がある**という内容です。前者の「求」との対応関係をしっかりおさえてください。なお「方」は次の文の「方術」をヒントにすればこれも〝方法〟の意であると見当がつきます。

第2文 「方術」は同意の字を重ねた熟語です。「者」は「〜は・〜とは」と読む助詞。「各」は「おのおの」と読むように〝めいめい。各自〟の意です。具体的に誰を指すのかわかりにくいですが、文脈上、賢臣を指すと考えられます。「審其族類」がその述語になります。「審（つまびラカニス）」は〝見極める〟の意です。「其（そノ）」は「各」を指します。「族類」は〝同じ仲間〟。すなわち**賢臣が自分と同じ賢者の仲間を見極める**ということです。「使之推薦」は使役の句形で、「之をして推薦せしむ」と読みます。「之」は「各」を指します。すなわち**賢臣に仲間の賢者を推薦させる**ということです。文末の「而已（のみ）」は限定の助詞。**それが唯一の方法だ**と主張しています。

第3文 この文と続く二文が**比喩**になります。**問4**はこの三文の内容をふまえて解きます。「近（ちかク）」は〝身近に〟の意です。「取諸喩」の「諸（これ）」は代名詞で、前の二文を指します。「喩」は「たとへ」と読むように身近な例をあげるということです。それが傍線部**C**です。「其（そレ）」は代名詞ではなく強調の助詞で、「其〜也（そレ〜か）」という形で〝〜だろうか〟の意を表します。「猶」は「なホ〜ごとシ」と読む**再読文字**で、〝ちょうど〜のようだ〟の意です。「線与矢」の「与（と）」は接続詞。「線（＝糸）」と「矢」のようだということですが、ただそう言われても聞く方は戸惑うだけです。自然と続きを読みたくなりますね。

第4文 **「線因針而入」と「矢待弦而発」も対句**になります。「線」と「矢」はいずれも主語で、それぞれ以下が述語になります。「因針」と「待弦」は動詞＋目的語（名詞）。共通する「而」は接続詞でここは置き字になります。そして「入」と「発」が動詞です。前者は糸と針の関係をいいます。「因（よル）」は〝よりどころにする〟の意。すなわち**糸は針の穴を通して布の中に入る**ということです。後者は矢と弦《つる》の関係をいいます。すなわち**矢は弦が引き絞られるのを待って放たれる**ということです。

第5文 「雖（いへどモ）」は逆接仮定条件（たとえ〜ても）を表す接続詞で、〈糸と矢があっても〉という内容を導きます。「苟（いやしクモ）」は順接仮定条件（もしも〜）を表す接続詞で、〈もしも針と弦がなければ〉という内容を導きます。「求自致焉」の内容がやや難しいですが、「致」は傍線部**A**の「効」と同じく「いたス」と読むことから、〝目的を遂げる〟というほどの意であろうと見当がつきます。「焉」は語調を整える助詞で置き字になります。「不可得（うベカラず）」は〝できない〟の意。「也（なり）」は断定の助詞です。ここまで**第3文〜第5文**の内容をまとめると、**糸は針がなければ布を縫えないし、矢は弦がなければ放つことができない**ということになります。

問4 では**問4**の選択肢を見てみます。

① 「線」や「矢」は、単独では力を発揮しようとしても発揮できないという点。
② 「線」と「矢」は、×互いに結びつけば力を発揮できるという点。
③ 「線」や「矢」は、×針や弦と絡み合って力を発揮できないという点。
④ 「線」と「矢」は、×助け合ったとしても力を発揮できないという点。
⑤ 「線」や「矢」は、×針や弦の助けを借りなくても力を発揮できるという点。

「線」と「針」、「矢」と「弦」それぞれの関係がつかめれば①が正解とわかります。**「線」と「矢」はいずれ**

も単独では力を発揮できないという内容です。特に**第5文**の「求自致焉、不可得也」の理解がポイントになります。この箇所の「自（みづから）」は〝自分で。自力で〟の意です。

重要語法その14　接続詞の用法　「与」「雖」…

語句と語句をつなぐ

例 仁《ト》**与**レ義（仁と義と）　**例** 学《ビテ》**而**時《ニ》習《フ》レ之《ヲ》（学びて時に之を習ふ）　※「而」は置き字。

節と節をつなぐ

例 千里《ノ》馬《ハ》常《ニ》有《レドモ》、**而**伯楽《ハ》不二常《ニハ》有《ラ》一（千里の馬は常に有れども、伯楽は常には有らず）

＝千里を走る名馬は常にいるけれども、名馬を見分ける名伯楽は常にいるわけではない

※「而」は置き字。英語のbutのように**等位接続詞**としてはたらく。

例 江東《ハ》**雖**《モ》レ小《ナリト》、地方《ハ》千里、衆《ハ》数十万《アリ》（江東は小なりと雖も、地方は千里、衆は数十万あり）

＝江東は狭いとはいえ、広さは千里四方、民衆は数十万人いる

※「雖」は英語のthoughのように**従属接続詞**的にはたらくが、thoughのように従属節の頭にくるのではなく、従属節の主語と述語の間に入る。

文と文をつなぐ

例 衆人皆酔《ゑヒ》、我独《ひとり》醒《さメタリ》。**是以**《ここヲもつテ》見レ放《タ》（衆人皆酔ひ、我独り醒めたり。是を以て放たる）

＝人々は皆酔っていて、私独り醒めていた。だから追放されたのだ

第6文 **問5**を解きます。「夫（そレ）」は文頭に置かれる助詞で、〝そもそも。さて〟の意を表します。「**必以族類者**」の「以（もつテスル）」は〝～を用いる〟の意の動詞、「者（は）」は助詞で、賢者に「族類（＝自分と同

じ賢者)」を推薦させるという内容です。「蓋（けだシ）」は〝思うに〟の意の副詞で、「賢愚」以下がその内容です。**「賢愚有貫」と「善悪有倫」が対句**になります。「賢愚」に「善悪」が対応し、いずれも対義語を組み合わせた熟語。「有」が共通。「貫」に「倫」が対応します。前者は**賢愚は一貫している**、すなわち賢者は賢者で有り続け、愚者は愚者で有り続けるということです。後者は**善悪は仲間がいる**、すなわち善人は善人で仲間を作り、悪人は悪人で仲間を作るということです。「若（もシ）」は順接仮定条件の接続詞で、〈同類の者を求めるなら〉という内容を導きます。「以」は「求」の対象を表す前置詞です。傍線部に入るといきなり空欄があり、その下に「以類至」とあります。「以類」は「類を以て」と読むことはもうわかりますね（この「以」は資格〈～として〉の用法です）。「至」が「いたル」と読む動詞であることも明らかです。

問5 選択肢は次の通りですが、文頭の「夫必以族類」に着眼すれば③が正解だろうと予想できます。

① (a) 不　(b) 類を以てせずして至ればなり
② (a) 何　(b) 何ぞ類を以て至らんや
③ (a) 必　(b) 必ず類を以て至ればなり
④ (a) 誰　(b) 誰か類を以て至らんや
⑤ (a) 嘗　(b) 嘗《かつ》て類を以て至ればなり

①は、〝同類を用いないで至るからだ〟という内容で不適。②は、〝どうして同類が至るだろうか、いや至らない〟という反語の内容で不適。③は、**〝必ず同類として至るからだ〟**という内容で適当。④は、〝誰が同類として至るだろうか、いや至らない〟という反語の内容で不適。⑤は、〝以前同類として至ったからだ〟という内容で不適。

第7文 この文では**問6**を解きます。「此」は代名詞で**第6文**を指します。「猶」は「なホ～ごとシ」と読む**再読文字**で、「水流湿、火就燥」がそのたとえの内容です。「水流湿」と「火就燥」がまたまた**対句**となり、「水」に

「火」、「流」に「就」、「湿」に「燥」がそれぞれ対応します。前者は〝水が湿った所へ流れる〟、後者は〝火が乾いた所へ燃え広がる〟という内容です。傍線部に入ります。「之（の）」は連体修飾格の助詞。「理」は〝道理〟。文全体で、**賢者と愚者、善人と悪人がそれぞれ同類の者を求めるのは、水が湿った所へ流れ、火が乾いた所へ燃え広がるように自然の道理である**という内容になります。

問6 では選択肢を吟味します。

① 水と火の性質は反対だがそれぞれ有用であるように、相反する性質のものであってもおのおの有効に作用するのが自然であるということ。

② 水の湿り気と火の乾燥とが互いに打ち消し合うように、性質の違う二つのものは相互に干渉してしまうのが自然であるということ。

③ 川の流れが湿地を作り山火事で土地が乾燥するように、性質の似通ったものはそれぞれに大きな作用を生み出すのが自然であるということ。

④ 水は湿ったところに流れ、火は乾燥したところへと広がるように、性質を同じくするものは互いに求め合うのが自然であるということ。

⑤ 水の潤いや火による乾燥が恵みにも害にもなるように、どのような性質のものにもそれぞれ長所と短所があるのが自然であるということ。

選択肢は、前半部がいずれも「～ように」とあるように、水と火をたとえとした説明になっています。これは傍線部直前の「猶～燥」の部分をいったものです。この部分では右にみたように「水流湿」と「火就燥」が**対句になっていますから、その説明もそれに沿ったものとなる**のが自然です。そこで選択肢をみると、④が「水は湿ったところに流れ、火は乾燥したところへと広がる」と、対句の形で説明しています。よってこれが正解とわかります。後半部の「性質を同じくするものは互いに求め合う」というのも、「以類求」に合致します。③をみると「川の流れが湿地を作り山火事で土地が乾燥する」とあり、対句に擬した説明になっていますが、後半の

「性質の似通った……作用を生み出す」が内容的に合致しません。他の選択肢は対句をふまえた説明となっていません。

問7 では最後に**問7**を解きます。

① 君主が賢者と出会わないのは、君主が賢者を採用する機会が少ないためであり、賢者を求めるには採用試験をより多く実施することによって人材を多く確保し、その中から賢者を探し出すべきである。

② 君主が賢者と出会わないのは、君主と賢者の心が離れているためであり、賢者を求めるにはまず君主の考えを広く伝えて、賢者との心理的距離を縮めたうえで人材を採用するべきである。

③ 君主が賢者と出会わないのは、君主が人材を見分けられないためであり、賢者を求めるにはその賢者が党派に加わらず、自分の信念を貫いているかどうかを見分けるべきである。

④ 君主が賢者と出会わないのは、君主が賢者を見つけ出すことができないためであり、賢者を求めるには賢者のグループを見極めたうえで、その中から人材を推挙してもらうべきである。

⑤ 君主が賢者と出会わないのは、君主が賢者を受け入れないためであり、賢者を求めるには幾重にも重なっている王城の門を開放して、やって来る人々を広く受け入れるべきである。

①は「採用試験をより多く実施する」が決定的な誤りとなります。本文に書かれていません。

②は「君主と賢者の心が離れている」「君主の考えを広く伝えて、賢者との心理的距離を縮めた」が不適です。このような心理的な懸隔が問題なのではなく、傍線部**B**にいうように物理的な懸隔が問題なのです。

③は「君主が人材を見分けられない」以下が不適です。本文に書かれていません。

④が正解です。「賢者のグループ」が決め手となります。模擬答案第二段落の「類」というキーワードをふまえた説明になっています。

⑤は「君主が賢者を受け入れない」が不適で、作者はこのような主張はしていません。また「王城の門を開放して」以下も模擬答案第二段落の内容からはずれています。

解答・書き下し文・現代語訳

解答

問1 (ア)① (イ)① (ウ)⑤ (各4点)　問2 ③ (6点)　問3 ⑤ (7点)　問4 ① (6点)

問5 ③ (5点)　問6 ④ (6点)　問7 ④ (8点)

書き下し文

【予想問題】

問ふ、古《いにしへ》より以来、君《くん》たる者其《そ》の賢《けん》を求むるを思はざるは無く、賢なる者其の用《よう》を効《いた》すを思はざるは罔《な》し。然《しか》れども両《ふた》つながら相遇《あひあ》はざるは、其の故《ゆゑ》は何《なん》ぞや。今之《これ》を求めんと欲《ほっ》するに、其の術《じゅつ》は安《いづ》くに在《あ》りや。

【模擬答案】

臣《しん》聞く、人君《じんくん》たる者其の賢を求むるを思はざるは無く、人臣《じんしん》たる者其の用を効すを思はざるは無しと。然《しか》り而《しかう》して君は賢を求めんとして得《え》ず、臣は用を効さんとして由《よし》無きは、豈《あ》に貴賤《きせん》相懸《へだ》たり、朝野《てうや》相隔《へだ》たり、堂《だう》は千里よりも遠く、門は九重《きうちよう》よりも深きを以《もつ》てならずや。

臣以為《おも》へらく、賢を求むるに術有り、賢を弁《べん》ずるに方《はう》有り。方術《はうじゅつ》は、各《おのおの》其の族類《ぞくるい》を審《つまび》らかにし、之《これ》をして推薦せしむるのみ。近く諸《これ》を喩《たとへ》に取れば、其《そ》れ猶《な》ほ線《いと》と矢とのごときなり。線は針に因《よ》りて入《い》り、矢は弦《つる》を待ちて発《はっ》す。線矢《せんし》有りと雖《いへど》も、苟《いやし》くも針弦《しんげん》無《な》くんば、自《みづか》ら致すを求むるも、得《う》べからざるなり。夫《そ》れ必ず族類を以てするは、蓋《けだ》し賢愚《けんぐ》貫くこと有り、善悪　倫《ともがら》有り、若《も》し類を以て求むれば、必ず類を以て至ればなり。此《こ》れ亦《ま》た猶ほ水の湿《しつ》に流れ、火の燥《さう》に就《つ》くがごとく、自然の理《ことわり》なり。

現代語訳

【予想問題】

問う、古代からこのかた、君主は賢者を登用しようと思わない者はなく、賢者は君主の役に立ちたいと思わない者はない。しかしながら両者が出会わないのは、その理由はどうしてか。いま賢者を求めようとすると、その術策はどこにあるのか。

【模擬答案】

私は聞いております、君主は賢者を登用しようと思わない者はなく、臣下は君主の役に立ちたいと思わない者はないと。それにもかかわらず君主は賢者を登用しようと思っても得られず、臣下は君主の役に立ちたいと思っても方法がないのは、身分の差がかけ離れており、朝廷と民間の間に隔たりがあり、君主が執務する場所がはるかに遠く、王城の門が幾重にも重なって深いからです。

私が考えますに、賢者を登用するには術策があり、賢者を弁別するには方法があります。その方法と術策は、それぞれその同類の者を見極めて、推薦させることしかありません。これを卑近な例でたとえれば、ちょうど糸と矢のようなものです。糸は針に通すことによって（布に）入り、矢は弦《つる》が引き絞られるのを待って放たれます。いったい糸と矢があっても、もしも針と弦がなければ、それ自身で力を発揮しようとしても、できないのです。必ず同類の者によるというのは、思うに賢者と愚者とはそれぞれ一貫してそうなのであり、善人と悪人とはそれぞれ仲間を作るのであり、もし同類の者を求めれば、必ず同類の者がやって来るからです。これまたちょうど水が湿った所へ流れ、火が乾いた所へ燃え広がるように、自然の道理なのです。

第3講　苦いタケノコ
―内容の切れ目に注意しよう―

ここでは段落区分のない文章を読みます。内容の展開を考えながら読む練習をしてください。

次の文章を読んで、後の問い（問1～7）に答えよ。（設問の都合で返り点・送り仮名を省いたところがある。）

江（注1）南ニ多シレ竹。其ノ人(1)習二於食ラフレ筍《たけのこ》ヲ。毎《ごと》ニレ方《あ》タル二春ノ時一ニ、苞《はう》（注2）甲《かふ》出デレ土ヨリ、頭（注3）角繭《けん》栗《りつ》、率《おほむ》ネ以テ供二ス採食一ニ。或イハ蒸《じよう》（注4）瀹《やく》シテ以テ為シレ湯ト、茹《じよ》（注5）介《かい》茶《ちや》荈《せん》以テ充ツレ饋《き》ニ。」(ア)A好事者目以清（注6）嗜不斬方長。故ニ雖《いへど》モ二園（注7）林豊美、複《ふく》垣《ゑん》重《ちよう》扃《けい》ニシテ、主人居《きよ》（注8）嘗《しやう》愛護スト一、及ブ三其ノ甘シトスルニ二於食ラフニレ之ヲ也《や》、剪《せん》伐《ばつ》シテ不レ顧ミ。」(イ)独リ其ノ味苦クシテ而不ルレ入ラ二食品ニ一者ノミ、筍常ニ全《まつた》シ。」(ウ)毎《つね》ニ当タリテ二渓谷巌《がん》（注9）陸《りく》之間ニ一、散二-漫シテ於地ニ一而不ルレ収メラレ者ハ、必ズ棄《す》テラルル二於 I 一者也。而ルニ II 者ハ至ル三取リテレ之ヲ或イハ尽クスニ二其ノ類ヲ一。然ラバ III 者ハ近シ二自ラ戕《そこな》フニ一。而ルニ IV 者ハ雖モレ棄テラルト、B猶レ免二於剪伐一。」(エ)夫レ物類ハ(2)尚ブレ甘キヲ、而

苦キ者ハ得タリレ全キヲ。」(オ)　C世莫不貴取賤棄也。然レドモ亦《まタ》知ル三取ラルル者之不シテレ幸ヒナラ、而

偶《たまたま》幸ヒナルヲ二於棄テラルルニ者一。D豈荘子所謂以無用為用者比耶。

（陸樹声《りくじゅせい》『陸文定公集《りくぶんていこうしゅう》』による）

（注）
1　江南――長江下流の地域。
2　苞甲――タケノコの身を包む一番外側の皮。
3　頭角繭栗――子牛の生えたばかりの角のような形をしたタケノコの若芽。「繭栗」は「まゆ・くり」のような小さな形をいう。
4　蒸瀹以為レ湯――蒸したり煮たりして、スープにすること。
5　茹介茶荈以充レ饋――「茹介」はタケノコの穂先の柔らかい皮、「茶荈」は茶。それらを食卓にならべることをいう。「饋」は食事のこと。
6　清嗜――清雅なものへの嗜好《しこう》。
7　園林豊美、複垣重扃――幾重もの垣根や門扉をしつらえた美しい庭園。
8　居嘗――平常。
9　巌陸――山の中。

問1　傍線部(1)「習」・(2)「尚」の意味として最も適当なものを、次の各群の①～⑤のうちから、それぞれ一つずつ選べ。

(1)　習
①　学習する
②　弊習としている
③　習得する
④　習慣としている
⑤　習練する

(2)　尚
①　誇示する
②　思慕する
③　尊重する
④　保全する
⑤　崇拝する

問2　傍線部A「好事者目以清嗜不斬方長」の返り点の付け方とその読み方として最も適当なものを、次の①～⑤のうちから一つ選べ。

①　好レ事者目二以清嗜一不レ斬レ方レ長
事を好む者以て清嗜《せいし》なるを目し長きに方《なら》ぶを斬《と》らず

②　好レ事者目以清嗜不レ斬二方長一
事を好む者目して以て清嗜なるも方《まさ》に長ずるを斬らず

③　好レ事者目下以二清嗜一不上斬二方長一
事を好む者清嗜を以て方に長ずるを斬らずと目す

④　好レ事者目以二清嗜一不レ斬レ方レ長
事を好む者目は清嗜を以てし長きに方ぶを斬らず

⑤　好レ事者目以二清嗜一不レ斬二方長一
事を好む者目するに清嗜を以てし方に長ずるを斬らず

問3　空欄 I ・ II ・ III ・ IV に入る語の組合せとして最も適当なものを、次の①～⑤のうちから一つ選べ。

① I 苦キ二　II 甘キ　III 甘キ　IV 苦キ
② I 甘キ二　II 苦キ　III 苦キ　IV 甘キ
③ I 苦キ二　II 苦キ　III 甘キ　IV 苦キ
④ I 苦キ二　II 甘キ　III 苦キ　IV 甘キ
⑤ I 甘キ二　II 甘キ　III 苦キ　IV 甘キ

問4　傍線部B「猶レ免二於剪伐一」の解釈として最も適当なものを、次の①～⑤のうちから一つ選べ。

① きっと切り取られるのを避けるにちがいない
② 依然として切り取られることには変わりない
③ 切り取られることから逃れようとするだろう
④ まだ切り取られずにすんだわけではないのだ
⑤ 切り取られずにすんだのと同じようなことだ

問5　傍線部C「世莫不貴取賤棄也」の書き下し文として最も適当なものを、次の①～⑤のうちから一つ選べ。

① 世に取るを貴び棄《す》つるを賤《いや》しまざるは莫《な》し
② 世の貴を取り賤《せん》を棄てざること莫かれ
③ 世に貴は取られ賤は棄てられざるは莫し
④ 世の貴を取らず賤を棄つること莫かれ
⑤ 世に貴は取られず賤は棄てらるること莫し

問6　本文を論旨の展開上、三つの部分に分けるならば、㋐〜㋔のどこで切れるか。最も適当なものを、次の①〜⑤のうちから一つ選べ。

①　㋐と㋓
②　㋐と㋔
③　㋑と㋓
④　㋑と㋔
⑤　㋒と㋔

問7　傍線部**D**「豈荘子所謂以無用為用者比耶」の読み方と筆者の主張の説明として最も適当なものを、次の①〜⑤のうちから一つ選べ。

①　この文は、「豈に荘子の所謂以て無用の用を為す者をば比《たと》へんや」と訓読し、「これがどうして『荘子』のいわゆる『無用ノ用ヲ為ス』ことに喩《たと》えることができようか」と述べる筆者は、この苦いタケノコがたどった運命は、無用のはたらきかけを戒める『荘子』の考え方と正反対のものであったと指摘している。

②　この文は、「豈に荘子の所謂無用の用たる者を以て比《たと》ふるか」と訓読し、「これこそ『荘子』のいわゆる『無用ノ用タル』ことによって喩えたものであることよ」と述べる筆者は、この苦いタケノコが、役に立たないことを自覚してこそ世間の役に立つという『荘子』の考え方を体現したものだとたたえている。

③　この文は、「豈に荘子の所謂以て無用の用を為す者の比《たぐ》ひなるか」と訓読し、「これがどうして『荘子』のいわゆる『以テ無用ノ用ヲ為ス』もののたぐいであるだろうか」と述べる筆者は、この事例を根拠に、無用のものを摂取しないことが天寿をまっとうする秘訣《ひけつ》だという『荘子』の考え方に反

論している。

④　この文は、「豈に荘子の所謂無用を以て用を為す者をば比《くら》べんや」と訓読し、「これがどうして『荘子』のいわゆる『無用ヲ以テ用ヲ為ス』ものに比較することができようか」と述べる筆者は、この事例から、無用のようにみえるものこそ役に立つという『荘子』の考え方が見失われがちなことを嘆いている。

⑤　この文は、「豈に荘子の所謂無用を以て用と為す者の比《たぐ》ひなるか」と訓読し、「これこそ『荘子』のいわゆる『無用ヲ以テ用ト為ス』もののたぐいではなかろうか」と述べる筆者は、この苦いタケノコのなかに、世間で無用とされるものこそ天寿をまっとうするのだという『荘子』の考え方を見いだしている。

（二〇一四年度・本試験）

読解・設問解説

解答は171ページ

この文章はタケノコについて述べた前半と、これを**一般化して抽象的な意見**を述べた後半とに分けることができます。

前半

まず前半部を読解して、**問1の(1)、問2〜問4**を解きます。

❶江南ニ多シレ竹。❷其ノ人(1)習二於食レラフヲ筍《たけのこ》ヲ。❸毎《ごと》ニレ方《あ》タル二春ノ時ニ一、苞《はう》甲《かふ》出デレ土ヨリ、頭角、繭《けん》栗《りつ》、率《おほむ》ネ以テ供ス二採食ニ一。❹或イハ蒸《じよう》瀹《やく》シテ以テ為シレ湯ト、茹《じよ》介《かい》茶《ちや》荈《せん》以テ充《あ》ツレ饋《き》ニ。(ア)

❺A好事者目以清嗜不斬方長。❻故ニ雖《いへど》モ二園林豊美、複《ふく》垣《ゑん》重《ちよう》扃《けい》ニシテ、主人居《きよ》嘗《しやう》愛護ストー、及ブ三其ノ甘シトスルニ二於食ラフニレ之ヲ也《や》、剪《せん》伐《ばつ》シテ不レ顧ミ。(イ) ❼独リ其ノ味苦クシテ而不ルレ入ラ二食品ニ一者ノミ、筍常ニ全《まつた》シ。(ウ) ❽毎《つね》ニ当タリテ二渓谷巌《がん》陸《りく》之間ニ一、散二-漫シテ於地ニ一而不ルレ収メラレ者ハ、必ズ棄《す》テラルル二於 I 一者也。❾而ルニ II 者ハ至ル三取リテレ之ヲ或イハ尽クスニ二其ノ類ヲ一。❿然ラバ III 者ハ近シ二自ラ戕《そこな》フニ一。⓫而ルニ IV 者ハ雖モレ棄テラルト、B猶レ免二於剪伐一。(エ)

第1文 **江南地方には竹が多い**という平易な内容です。ただ「多竹」という語順は変な感じがしませんか。「竹多」となりそうなものです。これは、「多」が〝多くある〟という意であるため、存在を表す動詞「有」「無」（**返読文字→重要語法その3** p27）と同じく、**不特定の人や物**が「多」である場合は**人や物が「多」の下にきます**。「少」も〝少なくある〟の意の場合、同じ形になります（「少」には〝年が若い〟という重要な意味があることは必修事項です。**例**「少年」）。

第2文 この文の内容を把握して**問1**の(1)を解きます。

問1 (1) **語意**が問われています。この文は「**其人**」すなわち江南地方の人たちが**主語**、「習」が**述語**動詞です。直後に前置詞「於」に導かれる名詞句「食筍」があり、「筍を食らふを」と訓読して「習」に返ります。ここは文脈から「ならヒトス」と読み、「於」がその対象を表す用法になります（→**重要語法その6** p65）。では選択肢を見てみます。

① 学習する　② 弊習としている　③ 習得する　④ 習慣としている　⑤ 習練する

タケノコを食べることを、に続くことを考えれば④の「習慣としている」を選択するのが自然です。①・③・⑤では文脈に合いません。②の「弊習」は〝悪い習慣〟の意で（「弊」は「弊害」の「弊」）、これではタケノコを食べるのがなぜ悪いのかという話になってしまいます。

第3文 「毎《ごとニ》」は〝〜するたびに〟の意。**毎年春になるとタケノコが土から顔を出す**という内容です。「率」は「おほむネ」と読むように、〝だいたい〟の意の副詞です。前置詞「以」の下に「筍」が省略されていると考えるとわかりやすくなります。「**頭角繭栗**」（注3）**と形容される円錐形をした小さなタケノコを食用にする**という内容です。

第4文　「或《あるイハ》」は副詞で、〝～のこともある〟の意。この「或」は「或《イハ》A、或《イハ》B」などの形をとって、選択を表す接続詞としてもよく使われます。また「或」には「あるひと」と読む代名詞の用法もあります（**例** 或 謂㆓孔子㆒曰（或るひと孔子に謂《い》ひて曰《いは》く））。「**以**」は接続詞です。この文は、**採ってきたタケノコをスープの具とし、その皮はお茶と共に食卓に並べる**という内容です。

第5文　**問2**　返り点と書き下し文が問われています。「**好事者**」は「事を好む者」と書き下し、〝物好き。好事《こうず》家《か》〟の意ですが、ここは**タケノコを好物とする人**くらいの意にとっておけばよいでしょう。これが**主語**になり、「目」と「斬」が**述語**動詞となります。「目以清嗜」の語順に注意しましょう。これは「以清嗜目」を倒置した形で、「目するに清嗜を以てし」と書き下します。「以」は理由を表し、（→**重要語法 その6** p65）**清雅なものへの嗜好ゆえに見て品定めをし**といった意です。初々しいタケノコを求めて竹やぶを見て回る様子が目に浮かびますね。さて「斬」の目的語は名詞句「方長」です。「方」は「まさニ」と読む重要な副詞です（→p15）。**今や長く伸びたタケノコは採らない**という内容です。では選択肢を吟味します。

① 好㆑事者 目㆓以清嗜㆒不㆑斬㆑方㆑長
　事を好む者×以て清嗜《せいし》なるを目し長きに方《なら》ぶを斬《と》らず

② 好㆑事者 目以清嗜 不㆑斬㆓方長㆒
　事を好む者×目して以て清嗜なるも方《まさ》に長ずるを斬らず

③ 好㆑事者 目㆘以㆓清嗜㆒不㆖斬㆓方長㆒
　事を好む者×清嗜を以て方に長ずるを斬らずと目す

④ 好㆑事者 目以㆓清嗜㆒不㆑斬㆑方㆑長
　事を好む者×目は清嗜を以てし長きに方ぶを斬らず

⑤ 好㆑事者 目 以㆓清嗜㆒不㆑斬㆓方長㆒

事を好む者目するに清嗜を以てし方に長ずるを斬らず

副詞「方」に着眼して、「方に《まさ》」と読む②・③・⑤に絞ります。次に「以」を「を以て」と前置詞で読む③と⑤に絞り、左のような倒置形と判断して⑤を選択します。訓点は次の通りです。

好ムレ事ヲ者目スルニ以テシ二清嗜ヲ一不レ斬ラ二方ニ長ズルヲ一

第6文 「故ニ」は順接の接続詞で、〝それゆえ〟の意です。続く「雖」は逆接の接続詞で、「雖園林豊美…主人居嘗愛護」が従属節になります。注7にあるように前半は**庭園の様子**を描写し、後半は**そこの主人が竹林を大切にしている様子**を表します。

「及（およブ）」は〝〜になると〟の意の動詞で、接続詞的にはたらきます。「其（そノ）」は語調を調えるための助詞。「於」は対象を表す前置詞で、「食之」が名詞句になります。「之」はタケノコを指す代名詞です。「也（や）」が「及其甘於食之」を強調します。「剪伐」の主語は「好事者」。「不顧」は〝気にかけない〟の意。タケノコ愛好家は、**主人が大切にしている竹林から無断でタケノコを切り取ることも辞さず、主人のことなど気にしない**ということです。

第7文 「独」は「ひとリ〜のみ」と読む限定の副詞です（↓p100）。「而」は接続詞。「者」はその直前までを名詞化する助詞です。「全」は〝欠けたところがない〟の意の形容詞で、**食用にならない苦いタケノコだけが生を全うできる**という内容です。

第8文 問3の空欄Ⅰを埋めます。「毎当…不収者」が名詞句になり、主語になります。「於」は場所を表す前置詞。「而」は接続詞。「収」を「おさめられ」と**受身**に読むのは文脈上です（↓p62）。**谷間や山中にあって収穫されないタケノコ**を指しています。「棄」を「すてらるる」と**受身**に読むのもやはり文脈上です。この「棄」から空欄Ⅰには「苦」が入るとわかります。直前の前置詞「於」は理由を表す用法です（受身ではありません）。「苦きに棄てらるる者なり」と訓読し、**苦いために見捨てられたものだ**の意です。

第9文 問3の空欄Ⅱを埋めます。文頭の「而」は「しかルニ」と読むように逆接の接続詞になります。この逆接の関係から、空欄Ⅱには「苦」と対立する「甘」が入るとわかります。「之」は「甘者」を指す代名詞。「其類」の「其」も「甘者」を指し、〝甘いタケノコの仲間〟の意です。「或」は副詞で、**甘いタケノコがすべて採り尽くされることもある**という内容です。苦いタケノコとは対照的です。

第10文 問3の空欄Ⅲを埋めます。文頭の「然」は「しかラバ」と読むように順接の接続詞になります。前文を引き継いで「それならば～」という文脈ですから、空欄Ⅲも「甘」が入ります。「近」は〝似ている〟の意の形容詞。「自」は副詞で、「みづかラ」と読めば〝自分自身〟、「おのづかラ」と読めば〝自然と〟の意。ここは前者で、**人間に収穫されてしまう甘いタケノコは自らを傷つけているようなものだ**という内容になります、（→重要語法 その13 p120）。

第11文 問3の空欄Ⅳを埋め、問4を解きます。文頭が逆接の接続助詞「而」に戻りますから、空欄Ⅳには「苦」が入ります。直後の「雖棄（＝見捨てられるとはいっても）」もヒントになります。よって問3は①が正解です。

① Ⅰ 苦キニ Ⅱ 甘キ Ⅲ 甘キ Ⅳ 苦キ
② Ⅰ 甘キニ Ⅱ 苦キ Ⅲ 苦キ Ⅳ 甘キ
③ Ⅰ 苦キニ Ⅱ 苦キ Ⅲ 甘キ Ⅳ 苦キ
④ Ⅰ 苦キニ Ⅱ 甘キ Ⅲ 苦キ Ⅳ 甘キ

問4 ⑤ Ⅰ 甘《キニ》 Ⅱ 甘《キ》 Ⅲ 苦《キ》 Ⅳ 甘《キ》

解釈が問われますが、書き下し文から正解が導けます。「猶」はレ点がついているように、「なホ～ごとシ」と読む再読文字です。〝ちょうど～のようだ〟の意です（↓p51）。「免」は「まぬかル」と読む動詞。前置詞「於」は対象を表します。「剪伐」の「剪」は「剪定《せんてい》（＝庭木などの葉・枝・幹を切り整えること）」という熟語でよく使われます。全体で「猶ほ剪伐を免るるがごとし」と書き下します。

① きっと切り取られるのを避けるに×ちがいない
② 依然として×切り取られることには変わりない
③ 切り取られることから逃れようとする×だろう
④ まだ切り取られずにすんだ×わけではないのだ
⑤ 切り取られずにすんだのと同じようなことだ

「猶」の二度目の読み「ごとシ」に従い、「変わりない」とある②と、「同じようなことだ」とある⑤に絞り、さらに「免」を「～ずにすんだ」と解釈した⑤を選択します。②は切り取られるという内容になりますから誤りです。訓点は次の通りです。

猶《ホ》シレ免《ルルガ》二於剪伐《ヲ》一

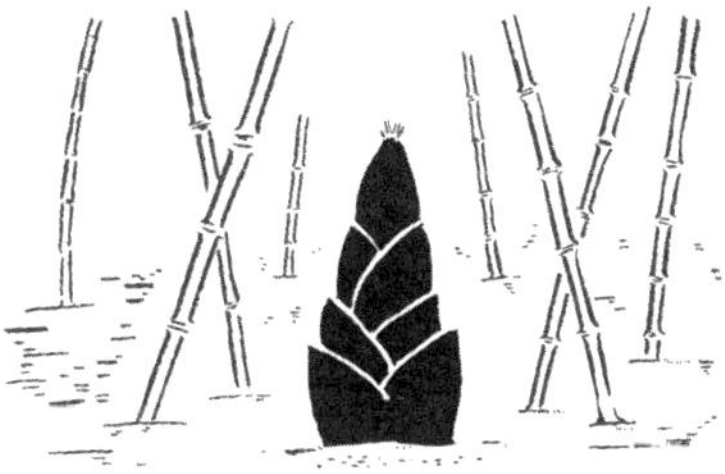

後半 ではこの後半部を読解して問1の(2)、問5～問7を解きます。

⑫夫レ物類ハ(2)尚レ甘キヲ、而苦キ者ハ得タリレ全キヲ。」(オ) ⑬C世莫不貴取賤棄也。⑭然レドモ亦《ま》タ知ル三取ラルル者之不シテレ幸ヒナラ、而偶《たまたま》幸ヒナルヲ二於棄テラルル者ニ一。⑮D豈莊子所謂以無用為用者比耶。

第12文 「夫」は話題の転換を示す助詞で、〝そもそも・さて〟の意を表します。よってこの文の直前で段落分けができます。

問1 (2) 「尚」は「たふとぶ・たつとぶ」と読む動詞です。

① 誇示する　② 思慕する　③ 尊重する　④ 保全する　⑤ 崇拝する

文脈的には②や⑤でもいけそうです。「尚《しょう》古《こ》趣味（＝昔の文物や制度などを尊ぶ趣味）」という言葉を知っていると容易ですが、知らないと正解③を選ぶのは難しいでしょう。

「物類」は〝万物〟の意。「而」は前後の節をつなぐ接続詞です。「得」は〝～できる〟の意の助動詞。「全」は「まつたウスルヲ」と読んでもかまいません。**苦いタケノコは生を全うできる**という内容です。

第13文 **問5** 書き下し文が問われています。「莫不」は二重否定の句形です。「莫」は「無」と同じで、「～ざルハなシ」と読みます（→p71）。「貴取賤棄」をよく見ると、「貴」と「賤」、「取」と「棄」がそれぞれ対義語になっています。よって「貴取」と「賤棄」の組み合わせだとわかりますが、問題はこの二組をそれぞれ、**主語＋述語**と読むか、**動詞＋目的語**と読むかです。そこで次の文を見ると、「取らるる」「棄てらるる」と文脈上受身に読んでいますから、ここも同じだと判断できます。したがって「**貴取賤棄**」は「貴は取られ賤は棄てられ」と読み、「棄」から「不」へ一・二点で返り、さらに「不」から「莫」へレ点で返ります。文末の「也」は断定の助詞です。

① 世に取るを貴び棄《す》つるを賤《いや》しまざるは莫《な》し
② 世の貴を取り賤《せん》を棄てざること莫かれ
③ 世に貴は取られ賤は棄てられざるは莫し
④ 世の貴を取らず賤を棄つること莫かれ
⑤ 世に貴は取られず賤は棄てらるること莫し

「莫不」を「ざるは莫し」と読む①と③に絞ります。①は書き下し文自体は誤りではありませんが、内容が前後の文脈に合致しません。よって、③が正解です。なお「也」はいずれの選択肢も置き字として扱い、読んでいません。訓点は次の通りです。

世ニ莫シレ不ルハ二貴ハ取ラレ賤ハ棄テラレ一也

第14文 文頭の「然」は逆接の接続詞です。「知」が動詞で、「取」以下が名詞節となり、「知」の目的語になります。「之」は主格（〝〜が〟）の助詞で、この用法は従属節の中で見られます（**例** 不レ患三人之不二己知一（人の己を知らざるを患《わづら》へず）＝人が自分を認めてくれないのは気にならない）。古文でも、主格を表す格助詞「の」は基本的に従属節の中で用いられます（**例** 「女のはける足駄《あしだ》にて作れる笛（＝女がはいていた足駄で作った笛）」「雪のおもしろう降りたりし朝《あした》（＝雪が趣深く降っていた朝）」）。「於」は対象を表す前置詞です。

第15文 **問7** 訓読と筆者の主張が問われています。この文には二つの句形が含まれています。

一つ目は「豈〜耶」です。これは**疑問形**あるいは**反語形**になり（↓p81、p85）、疑問なら「豈に〜するか」、反語なら「豈に～んや」と読みます。「豈」は反語の用法が頻出ですが、ここは疑問の用法で〝ことによると～なのだろうか〟という**推量を含んだ疑問**になります。

二つ目は「以～為…」です（→重要語法その6 p66）。「～を以て…と為す」と読み、〝～を…とみなす。思う〟の意になります。「以無用為用」とありますから、「無用を以て用と為す」と書き下します。**役に立たないように見えるものが、逆に真に役に立つものである**の意です。「無為自然（＝作為がなく、宇宙のあり方に従って自然のままであること）」とともに、戦国時代の道家の思想家、荘子の基本的な思想です。なお「荘子」は「荘子の」と読み、以下の「所謂～者」を修飾します。「所謂」は「いはゆる」と読み、〝よく言われている〟の意です。「者」は〝～すること〟の意を表す助詞です（→重要語法その12 p118）。「比」は「たぐヒ」と読む名詞になります。では選択肢を吟味します。

① この文は、「豈に荘子の所謂×以て無用の用を為す者をば比《たと》へんや」と訓読し、「これがどうして『荘子』のいわゆる『無用ノ用ヲ為ス』ことに喩《たと》えることができようか」と述べる筆者は、この苦いタケノコがたどった運命は、×無用のはたらきかけを戒める『荘子』の考え方と正反対のものであったと指摘している。

② この文は、「豈に荘子の所謂×無用の用たる者を以て比《たと》ふるか」と訓読し、「これこそ『荘子』のいわゆる『無用ノ用タル』ことによって喩えたものであることよ」と述べる筆者は、この苦いタケノコが、役に立たないことを自覚してこそ世間の役に立つという『荘子』の考え方を体現したものだとたたえている。

③ この文は、「豈に荘子の所謂×以て無用の用を為す者の比《たぐ》ひなるか」と訓読し、「これがどうして『荘子』のいわゆる『以テ無用ノ用ヲ為ス』もののたぐいであるだろうか」と述べる筆者は、この事例を根拠に、×無用のものを摂取しないことが天寿をまっとうする秘訣《ひけつ》だという『荘子』の考え方に反論している。

④ この文は、「豈に荘子の所謂×無用を以て用を為す者をば比《くら》べんや」と訓読し、「これがどうして『荘子』のいわゆる『無用ヲ以テ用ヲ為ス』ものに比較することができようか」と述べる筆者は、この事例か

ら、無用のようにみえるものこそ役に立つという『荘子』の考え方が見失われがちなことを嘆いている。

⑤　この文は、「豈に荘子の所謂無用を以て用と為す者の比《たぐ》ひなるか」と訓読し、「これこそ『荘子』のいわゆる『無用ヲ以テ用ト為ス』もののたぐいではなかろうか」と述べる筆者は、この苦いタケノコのなかに、世間で無用とされるものこそ天寿をまっとうするのだという『荘子』の考え方を見いだしている。

「以無用為用」に着眼すれば、「無用ヲ以テ用ト為ス」と訓読する⑤が選択できます。「この苦いタケノコのなかに…『荘子』の考え方を見いだしている」という説明も、「苦いタケノコ＝生を全うする」を「無用＝用」と対応させて説明したもので妥当です。

①　「豈」を反語にとっている点が誤りです。「以無用為用」の訓読も誤りです。さらに「無用のはたらきかけを戒める」というのは『荘子』の考え方ではありません。

②　「以無用為用」の訓読が間違っています。

③　「豈」を疑問ととりながら、「どうして…あるだろうか」と反語に解釈しています。「以無用為用」の訓読も誤りです。さらに「無用のものを…」も『荘子』の考え方ではありません。

④　「豈」を反語にとっている点が誤りです。「以無用為用」の訓読も誤りです。さらに「嘆いている」とあるのも、本文に根拠が見当たりません。

なお著者の陸樹声は秀才ながら独り超然とした頑固な人物で、官僚になったものの、周囲とのいざこざが絶えず、官僚生活は長続きしなかったようです。それでも九十六歳で亡くなりましたから、まさしく苦いタケノコのような人物でした。

問6　最後に**問6**を解きます。

①　㋐と㋓　②　㋐と㋔　③　㋑と㋓　④　㋑と㋔　⑤　㋒と㋔

第12文の「夫」以下、内容がタケノコを離れて一般化され、荘子の「無用の用」を引用して閉じられますから、㋓で切って、それ以下が第三の部分となります。㋓の前の部分を確認します。各文の趣旨は次の通りです。

第1文 江南地方には竹が多い。

第2文 土地の人はタケノコを食べる習慣がある。

第3文 春、土から顔を出した小さなタケノコを採る。

第4文 タケノコは蒸したり煮たりして食べる。」㋐

第5文 タケノコの好きな人は清純なものを採り、長く伸びたものは採らない。

第6文 甘いタケノコを採るためなら、人は厳重に囲った竹林にも忍び込む。」㋑

第7文 苦いタケノコは食用にされないから、その生を全うする。」㋒

第8文 谷間や山中に見捨てられてあるものは苦いタケノコだ。

第9文 甘いタケノコは採り尽くされることもある。

第10文 甘いタケノコは自らを傷つけているようなものだ。

第11文 苦いタケノコは見捨てられるとはいえ、切り取られずにすむ。」㋓

このように**江南のタケノコ**の話から始まり、途中で**甘いタケノコと苦いタケノコそれぞれの運命**という話へと展開しています。甘いタケノコが話題になるのは**第6文**以下ですから、この**第6文**は後半部分に属することになります。よって㋐で切るのが適当となり、①が正解です。この文章は**序論→本論→結論**という構成になります。

満点のコツその16 段落区分は内容転換の語句に注目

漢文に限らず現代文や古文でも、国語の段落区分の設問は、はっきりと内容の転換を示す**「さて」「それでは次に…」**といった語句や文が手がかりになる。また**序論→本論→結論、序論→本論1→本論2、起→承→転→結**といった段落構成のパターンも念頭に置こう。

解答・書き下し文・現代語訳

解答

問1 (1)④ (2)③ （各5点） 問2 ⑤ （6点） 問3 ① （7点）

問4 ⑤ （7点） 問5 ③ （6点） 問6 ① （6点） 問7 ⑤ （8点）

書き下し文

江南《かうなん》に竹多し。其《そ》の人筍《たけのこ》を食《く》らふを習《なら》ひとす。春の時に方《あ》たる毎《ごと》に、苞甲《はうかふ》土より出《い》で、頭角繭栗《とうかくけんりつ》、率《おほむ》ね以《もつ》て採食に供す。或《ある》いは蒸瀹《じようやく》して以て湯と為《な》し、茹介茶荈《じよかいちやせん》以て饋《き》に充《あ》つ。事を好む者目《もく》するに清嗜《せいし》を以てし方《まさ》に長ずるを斬《と》らず。故《ゆゑ》に園林豊美、複垣重扃《ふくゑんちようけい》にして、主人居嘗《きよしやう》愛護すと雖《いへど》も、其の之《これ》を食らふに甘《あま》しとするに及ぶや、剪伐《せんばつ》して顧みず。独《ひと》り其の味苦くして食品に入らざる者のみ、筍常に全《まつた》し。毎《つね》に渓谷巌陸《がんりく》の間に当たりて、地に散漫して収められざる者は、必ず苦きに棄てらるる者なり。而《しか》るに甘き者は之を取りて或いは其の類を尽くすに至る。然《しか》らば甘き者は自《みづか》ら戕《そこな》ふに近し。而るに苦き者は棄てらると雖も、猶《な》ほ剪伐を免《まぬか》るるがごとし。夫《そ》れ物類は甘きを尚《たつと》び、苦き者は全きを得たり。世に貴《き》は取られ賤《せん》は棄てられざるは莫《な》し。然れども亦《ま》た取らるる者の幸ひならずして、偶《たまたま》棄てらるる者に幸ひなるを知る。豈《あ》に荘子の所謂《いはゆる》無用を以て用と為《な》す者の比《たぐ》ひなるか。

現代語訳

長江下流の地域には竹が多い。その地方の人はタケノコを食べるのを習慣としている。毎年春になると、タケノコの外皮が土の中から出てきて、子牛の角や繭や栗のような小さな形の若芽が生えると、だいたい採って食用に供するのである。（タケノコは）蒸したり煮たりしてスープにし、タケノコの穂先の皮やお茶を食卓に並べる。

好事家（ここではタケノコを好物とする人）は清らかな味わいを好んで（柔らかなタケノコに）目を配り、今や長く伸びたものは採らない。それゆえ幾重もの垣根や門扉をしつらえた美しい庭園で、その家の主人がふだん（竹を）愛して大切にしていたとしても、そこのタケノコは食べると甘くておいしいとわかると、切り取って顧みない。その味が苦くて食用にはならないものだけが、タケノコとして常に生を全うする。いつも谷間や山の中で、地面に散らばっていて、収穫されないものは、きっと苦いために見捨てられた（タケノコが生長した）ものである。しかし甘いものは収穫されて、その種のものはすべて採り尽くされてしまうこともある。だから甘いものは自らを傷つけるようなものだ。しかし苦いものは見捨てられるとはいっても、切り取られずにすんだのと同じようなことだ。そもそも万物は甘いものを尊び、苦いものは生を全うできる。世の中は貴いものが選び取られないことはなく、賤しいものが棄てられないことはない。しかしながらまた選び取られたものが幸いでなく、棄てられたものに思いがけない幸いが訪れることもあるのだ。これこそ『荘子』のいわゆる「無用の用（＝役に立たないように見えるものが、逆に真に役に立つものである）」のたぐいではなかろうか。

第4講 不思議な蝶

―漢詩を理解しよう―

漢詩とその序文から成ります。古文にも、和歌とその詞書という組み合わせがありますが、それと同じパターンです。

清の学者・政治家阮元《げんげん》は、都にいたとき屋敷を借りて住んでいた。その屋敷には小さいながらも花木の生い茂る庭園があり、門外の喧騒《けんそう》から隔てられた別天地となっていた。以下は、阮元がこの庭園での出来事について、嘉慶《かけい》十八年（一八一三）に詠じた【詩】とその【序文】である。これを読んで、後の問い（問1～7）に答えよ。なお、設問の都合で返り点・送り仮名・本文を省いたところがある。

【序文】

余旧《もと》蔵二スルニ董《とう》(注1)思《し》翁《をう》ノ自ラ書レセシ詩ヲ扇一ヲ、有二リ「名園」「蝶《てふ》夢《む》」之句一。辛《しん》(注2)未《び》ノ秋、有三リ異蝶ノ来二タル園中一ニ。識者知リテ為二シ I 太常仙蝶一ト、呼レベバ之ヲ落レツ扇ニ。継イデ而(ア)復見二ル之ヲ於瓜《くわ》(注3)爾《じ》佳《か》氏ノ園中一ニ。A 客有呼之入匣奉帰余園者、及二ベバ至レリテ園ニ啓《ひら》レクニ之ヲ、則チ空《くう》(注4)匣《かふ》也。壬《じん》(注5)申《しん》ノ春、蝶復見《あらは》二ル於余ノ園ノ台上一ニ。画者祝《いのり》テ曰ハク、「B 苟近レ我、我当レ図レ之。」蝶落二チ其ノ袖一ニ、(イ)審視ルコト良《やや》久シクシテ、(ウ)得二其ノ形色ヲ一、乃チ従《しょう》容《よう》トシテ（注6）鼓《う》チテレ翅《はね》ヲ而去ル。園故《もと》無シレ名也。於イテレ是始メテ以テ二思翁ノ詩及ビ蝶ノ意ヲ一名ヅクレ之ニ。秋半バニシテ、余奉ジテレ使ヒヲ出デレ都ヲ、是ノ園モ又タ属ス二他人ニ一。回二憶スレバ芳《ほう》叢《そう》ヲ一、真ニ如シレ夢ノ矣。

【詩】

春城ノ花（注7）事小園多ク　幾《いく》度《たび》カ看テレ花ヲ幾度カ [X]

花ハ為ニレ我ガ開キテ留《とど》メレ我ヲ住《とど》メ　人ハ随ヒテレ春ニ去リ C奈レ春何

思翁夢ハ好《よ》クシテ遺シ二書扇ヲ一　Ⅱ仙蝶図成リテ染ム二袖羅ヲ一

他日誰《た》ガ家カ還《ま》タ種《う》エレ竹ヲ　坐（注8）シテレ輿《こし》ニ可キレ許ス二子《し》猷《いう》ノ過《よぎ》ルヲ一

（阮元『揅経室集《けんけいしつしゅう》』による）

（注）
1　董思翁——明代の文人・董其昌《とうきしょう》（一五五五—一六三六）のこと。
2　辛未——清・嘉慶十六年（一八一一）。
3　瓜爾佳——満州族名家の姓。
4　空匣——空の箱。
5　壬申——清・嘉慶十七年（一八一二）。
6　従容——ゆったりと。
7　花事——春に花をめでたり、見て歩いたりすること。

8　坐レ輿可レ許二子猷過一——子猷は東晋・王徽之《おうきし》の字《あざな》。竹好きの子猷は通りかかった家に良い竹があるのを見つけ、感嘆して朗詠し、輿《こし》に乗ったまま帰ろうとした。その家の主人は王子猷が立ち寄るのを待っていたので、引き留めて歓待し、意気投合したという故事を踏まえる。

問1　波線部(ア)「復」、(イ)「審」、(ウ)「得」のここでの意味として最も適当なものを、次の各群の①〜⑤のうちから、それぞれ一つずつ選べ。

(ア)「復」
①　なお
②　ふと
③　じっと
④　ふたたび
⑤　まだ

(イ)「審」
①　正しく
②　詳しく
③　急いで
④　謹んで
⑤　静かに

(ウ)「得」
①　気がつく
②　手にする
③　映しだす
④　把握する
⑤　捕獲する

問2　傍線部A「客 有 呼 之 入 匣 奉 帰 余 園 者」について、返り点の付け方と書き下し文との組合せとして最も適当なものを、次の①〜⑤のうちから一つ選べ。

①　客 有㆔呼㆑之 入㆓匣 奉㆒帰㆓余 園㆒者
　客に之を呼び匣《はこ》に奉じ入るること有りて余の園に帰る者あり

②　客 有㆓呼㆑之 入㆑匣 奉 帰 余 園 者㆒
　客に之を呼び匣に入れ奉じて帰さんとする余の園の者有り

③　客 有㆘呼㆓之 入㆒㆑匣 奉 帰㆓余 園㆒者㆖
　客に之を匣に入れ呼び奉じて余の園に帰る者有り

④　客 有㆘呼㆑之 入㆑匣 奉 帰㆓余 園㆒者㆖
　客に之を呼びて匣に入れ奉じて余の園に帰さんとする者有り

⑤　客 有㆑呼㆑之 入㆑匣 奉㆑帰㆓余 園 者㆒
　客に之を呼ぶこと有りて匣に入れ余の園の者に帰すを奉ず

問3　傍線部B「苟 近レ我、我 当レ図レ之」の解釈として最も適当なものを、次の①～⑤のうちから一つ選べ。

① どうか私に近づいてきて、私がおまえの絵を描けるようにしてほしい。
② ようやく私に近づいてきたのだから、私はおまえの絵を描くべきだろう。
③ ようやく私に近づいてきたのだが、どうしておまえを絵に描けるだろうか。
④ もし私に近づいてくれたとしても、どうしておまえを絵に描けただろうか。
⑤ もしも私に近づいてくれたならば、必ずおまえを絵に描いてやろう。

問4　空欄X に入る漢字と【詩】に関する説明として最も適当なものを、次の①～⑤のうちから一つ選べ。

① 「座」が入り、起承転結で構成された七言絶句。
② 「舞」が入り、形式の制約が少ない七言古詩。
③ 「歌」が入り、頷聯《がんれん》と頸聯《けいれん》がそれぞれ対句になった七言律詩。
④ 「少」が入り、第一句の「多」字と対になる七言絶句。
⑤ 「香」が入り、第一句末と偶数句末に押韻する七言律詩。

問5　傍線部C「奈レ春 何」の読み方として最も適当なものを、次の①～⑤のうちから一つ選べ。

① はるもいかん　② はるにいづれぞ　③ はるにいくばくぞ
④ はるをなんぞせん　⑤ はるをいかんせん

問6　【詩】と【序文】に描かれた一連の出来事のなかで、二重傍線部Ⅰ「太常仙蝶」・Ⅱ「仙蝶」が現れたり、とまったりした場所はどこか。それらのうちの三箇所を、現れたりとまったりした順に挙げたものとして、最も適当なものを次の①～⑤のうちから一つ選べ。

① 春の城《まち》 —— 袖 —— 瓜爾佳氏の庭園

② 春の城《まち》 —— 阮元の庭園の台 —— 画家の家

③ 董思翁の家 —— 扇 —— 画家の家

④ 瓜爾佳氏の庭園 —— 扇 —— 袖

⑤ 扇 —— 阮元の庭園の台 —— 袖

問7 【詩】と【序文】から読み取れる筆者の心情の説明として最も適当なものを、次の①～⑤のうちから一つ選べ。

① 毎年花が散り季節が過ぎゆくことにはかなさを感じ、董思翁の家や瓜爾佳氏の園に現れた美しい蝶《ちょう》が扇や絵とともに他人のものとなったことをむなしく思っている。

② 扇から抜け出し庭園に現れた不思議な蝶の美しさに感動し、いずれは箱のなかにとらえて絵に描きたいと考えていたが、それもかなわぬ夢となってしまったことを残念に思っている。

③ 春の庭園の美しさを詩にできたことに満足するとともに、董思翁の夢を扇に描き、珍しい蝶の模様をあしらった服ができあがったことを喜んでいる。

④ 不思議な蝶のいる夢のように美しい庭園に住んでいたが、都を離れているあいだに人に奪われてしまい、厳しい現実と美しい夢のような世界との違いを嘆いている。

⑤ 時として庭園に現れる珍しい蝶は、捕まえようとしても捕まえられない不思議な蝶であったが、その蝶が現れた庭園で過ごしたことを懐かしく思い出している。

（二〇二二年度・本試験）

読解・設問解説

序文前半

序文を前半と後半に分けて読み取っていきます。

解答は191ページ

❶余旧《もと》蔵董思翁《とうしをう》自書詩扇、有「名園」「蝶夢《てふむ》」之句。❷辛未《しんび》秋、有異蝶来園中。❸識者知為太常仙蝶、呼之落扇。❹継而復(ア)見之於瓜爾佳氏《くわじかし》園中。❺客有呼之入匣奉帰余園者、及至園啓《ひらく》之、則空匣《くうかふ》也。

第1文　「余」は一人称の代名詞で、作者を指します。「旧(もと)」は〝以前の状態〟の意の名詞。「蔵」は「蔵書」の「蔵」で、〝所蔵する〟の意の動詞。「董思翁自書詩扇」がその目的語になります。この「董思翁自書詩」が形容詞節となって「扇」を修飾します。この扇に書いた詩に「名園」「蝶夢」の二句があったと述べています。

第2文　「有(あリ)」は**返読文字**ですが、ここは「〜ノ…(する)あリ」という定型の読みになります。〝…する〜がある・いる〟という意味です。すなわち庭園にやってくる「異蝶(＝珍しい蝶)」がいたという内容です。

第3文　「識者」は〝物事の是非・善悪を正しく判断できる人〟の意ですが、ここは〝蝶に詳しい人。蝶の専門家〟というほどの意になります。「為(なス)」は〝〜とみなす〟の意。「之(これ)」はこの蝶を指します。「落

（おツ）」は空中から降りてきて扇に止まったということです。

第4文 問1の(ア)を解きます。「継（ツイデ）」は〝その後に続いて〟の意の接続詞です。「復」は「まタ」と読む重要な副詞で、〝ふたたび。もう一度〟の意です。「之（これ）」は「異蝶」を指す代名詞。「於」は場所を表す前置詞で、置き字になります。

問1 (ア) 選択肢は次のとおりです。

① なお　② ふと　③ じっと　④ ふたたび　⑤ まだ

文脈的には①でも②でも③でも通じそうですが、語義的には④しかありません。

第5文 問2を解きます。「客」は〝客人〟の意で、選択肢はいずれも「客に」と「に」を付しています。「有～者、…」は人物の登場を示す表現で、「～(なる・する)者有り、…」と読み、〝～という人がいて、…(する)〟という意になります。「呼（よブ）」は動詞。「之（これ）」は「異蝶」を指す代名詞で「呼」の目的語です。「入（いル）」は動詞。「匣（はこ）」は名詞で「入」の目的語です。「奉（ほうズ）」は〝献上する〟意の動詞。「帰」は「かヘル」と読むのか「かヘス」と読むのか保留しておきます。

問2 では選択肢を検討します。

① 客 有㆔呼㆑之 入㆓匣 奉㆒帰㆓余 園㆒者
客に之を呼び ×匣《はこ》に奉じ入るること有りて余の園に帰る者あり

② 客 有㆓呼㆑之 入㆑匣 奉 帰 余 園 者㆒
客に之を呼び匣に入れ奉じて帰さんとする ×余の園の者有り

③ 客 有㆘呼㆓之 入㆑匣 奉 帰㆓余 園㆒者㆖
客に ×之を匣に入れ呼び奉じて余の園に帰る者有り

④　客有㆘呼㆑之入㆑匣奉帰㆓余園㆒者㆖
客に之を呼びて匣に入れ奉じて余の園に帰さんとする者有り

⑤　客有㆑呼㆑之入㆑匣奉㆑帰㆓余園者㆒
客に之を×呼ぶこと有りて匣に入れ余の園の者に帰すを奉ず

まず「客に～（なる・する）者有り〔あり〕」と読む①・③・④に絞ります。②の「余の園の者有り」、⑤の「～有りて…」はいずれも不適です。次に①は「匣に奉じ入るる」が不適です。こう読むなら「奉入匣」の語順になります。③は「之を匣に入れ呼び奉じて」が不適で、こう読むなら「入之匣呼奉」の語順になります。よって④が正解とわかります。**ある客人が蝶を捕らえて作者に献上しようとした**という内容になります。

続きを見ておきます。「及（およベバ）」は〝～すると〟と訳します。「啓（ひらク）」は「開」の類義語。「之（これ）」は「匣」を指す代名詞。「空匣」は注がありますが、「空」は〝からっぽ〟という意です（日本語の「空《そら》」に当たるのは「天」です）。

序文後半

続いて後半を読んでいきます。

❻壬《じん》申《しん》ノ春、蝶復見《あらは》ル二於余ノ園ノ台上一ニ。❼画者祝《いの》リテ曰ハク、「B苟近レ我、我当レ図レ之。」❽蝶落チ二其ノ袖一ニ、／(イ)審視ルコト良《やや》久シクシテ、(ウ)得二其ノ形色一ヲ、／乃チ従《しょう》容《よう》トシテ鼓《う》チテレ翅《はね》ヲ而去ル。❾園故《もと》無シレ名也。❿於テレ是ニ始メテ以テ二思翁ノ詩及ビ蝶ノ意一ヲ名ヅクレ之ニ。⓫秋半《なか》バニシテ、余奉ジテレ使ヒヲ出デレ都ヲ、是ノ園モ又属ス二他人一ニ。⓬回憶スレバ二芳《はう》叢《そう》一ヲ、真ニ如シレ夢ノ矣。

第6文 「蝶」が主語です。「見」は「あらはル」と読むように自動詞になります。「於」は場所を示す前置詞。「余」は自称の代名詞です。

第7文 問3を解きます。まず「画者（＝絵描き）」が登場します。「祝」は祈りの言葉を言うことです。「苟」は「いやしクモ」と読む順接仮定条件の接続詞で、〝もしも。万が一にも〟の意です。「我」は自称の代名詞で「画者」を指します。「当」は「まさニ～ベシ」と読む**再読文字**。「図」は代名詞「之」から返るので動詞となり、「ゑがク」と読みます。「之」は「蝶」を指します。

問3 では選択肢を見ます。

① どうか私に近づいてきて、私がおまえの絵を描けるようにしてほしい。
② ようやく私に近づいてきたのだから、私はおまえの絵を描くべきだろう。
③ ようやく私に近づいてきたのだが、どうしておまえを絵に描けるだろうか。

④　もし私に近づいてくれたとしても、どうしておまえを絵に描けただろうか。

⑤　もしも私に近づいてくれたならば、必ずおまえを絵に描いてやろう。

「苟くも」に着眼すれば、「もしも～ならば」と解釈した⑤が正解であることはすぐにわかります。「当」は一般に〝当然～すべきだ〟〝きっと～にちがいない〟と訳しますが、ここは文脈に合わせて「必ず～描いてやろう」と解釈しています。なお④は「もし」で始まっていても、「～としても」と逆接仮定条件で解釈していますから不適となります。これは接続詞「縦（たとひ）」などの解釈になります。

第8文　問1の(イ)・(ウ)を解きます。この文は「蝶」を主語にして始まり、「落其袖」が述語となりますが、いったんここで主語が変わり、「従容」以下ふたたび「蝶」が主語になるというややこしい構造になっています。「落其袖」の「其」は「画者」を指す代名詞で、**蝶が絵描きの袖に止まった**という内容です。「審視……形色」の部分の主語は「画者」です。これは内容から判断できます。

問1 (イ)　では(イ)「審」の選択肢です。

①　正しく　②　詳しく　③　急いで　④　謹んで　⑤　静かに

「審」は「つまびラカニ」と読む副詞で、「審理」「審査」「審判」などの熟語からわかる通り、〝詳しく。念入りに〟の意です。②が正解で、ほかに紛らわしい選択肢はありません。

本文を続けます。「視（みル）」は〝見ようとして見る。注意してよく見る〟の意。「良」は「やや」と読む副詞で、〝ずいぶんと〟の意。「得（う）」は〝手に入れる。自分のものにする〟の意の動詞。名詞句「其形色」がその目的語です。「其」は「蝶」を指します。**絵描きが蝶をじっくりと観察してその形や色を自分のものにした**という内容です。

問1 (ウ)　では(ウ)の選択肢を見ます。

①　気がつく　②　手にする　③　映しだす　④　把握する　⑤　捕獲する

前後関係をしっかり把握すれば④が正解だとわかると思います。字が易しい分、文脈の把握が重要になります。続く「乃（すなはチ）」は〝そこでやっと〟の意の接続詞。置き字「而」も前後をつなぐ接続詞です。

第9文 「故（もと）」は〝もともと。以前〟の意の副詞です。「無名也」の「也」は断定の助詞で置き字となります。もちろん置き字にせず「名無きなり」と読んでもかまいません。

第10文 「於是（ここニおイテ）」は〝そこで〟の意の接続詞。「以」は手段・方法を表す前置詞で、「思翁詩及蝶意」を導きます。「思翁詩」は董思翁が扇に書いたという詩をいいます（**第1文**参照）。「及（およビ）」は接続詞です。「蝶意」は蝶の思いということで、作者の庭園に繰り返し出現したり、「識者」が呼べば扇に止まり「画者」が呼べば袖に止まったりというように、蝶が作者たちに親近感を抱いているように思われたことをいいます。「名」は「なヅク」と読む動詞。「之（これ）」は「園」を指します。実は【詩】の直後に、「蝶夢園」と名づけたことが記されています。董思翁の詩にあった「名園」「蝶夢」（**第1文**）にヒントを得たものです。

第11文 「余」は一人称の代名詞。「奉使（つかヒヲほうズ）」は使者の命《めい》を受けたことをいいます。「属他人」は作者が住んでいた家や庭園が他人の手に渡ったということです。

第12文 「回憶」は「回想」に同じで、〝過ぎ去ったことを思い起こすこと〟の意。「芳叢」の「芳」の訓は「かんばシ」、「叢」の訓は「くさむら」。花が咲き匂う庭園の草むらを懐かしく思い出すというのです。「如夢（ゆめノごとシ）」は〝夢のようだ〟。文末の「矣」は断定の助詞。置き字となります。

それでは、いよいよ詩を読み取っていきましょう。

詩

春城《ノ》・花事・小園多《ク》　幾《いく》度《たびカ》・看《テ》レ花《ヲ》・幾度《カ》［X］

花《ハ》為《ニ》レ我《ガ》開《キテ》・留《とどメ》レ我《ヲ》住《とどメ》　人《ハ》随《ヒテ》レ春《ニ》去《リ》・C奈レ春何

思翁・夢《ハ》好《よクシテ》・遺《シ》二書扇《ヲ》一　II仙蝶・図成《リテ》・染《ム》二袖羅《ヲ》一

他日・誰《たガ》家《カ》・還《まタ》種《うヱ》レ竹《ヲ》　坐《シテ》レ輿《こしニ》・可《キ》レ許《ス》二子《し》猷《いうノ》過《よぎルヲ》一

一句が七字で八句から成る**七言律詩**です。七字の場合、**二・二・三の語調**があり、内容もほぼこれに対応しますから、右のように区切るとわかりやすくなります。また七言律詩は初句と偶数句の各句末の字の音韻（母音）をそろえる（これを**押韻**といいます）、第三句と第四句、第五句と第六句をそれぞれ**対句**にするという規則があります。これは後で確認します。

首聯（しゅれん）（第一句・第二句）　**問4**を解きます。「城」は〝城壁で囲まれた都市〟の意です。**問6**の選択肢でも「城」に「まち」とルビを振っています。「花事」は注にあるように、さまざまな花を観賞しながら街中を散策することです。「小園多」はこじんまりした庭園が多いということ。語順は「多小園」となるのが普通ですが、ここは押韻の関係で「多」を倒置しています。「幾度（いくたび）」は〝何度も〟の意ですが、**作者が都に住んでいた当時を回想して記した言葉**である点に注意してください。「看（みル）」は〝手をかざしてよく見る〟というのが原義で、ここは花を眺めるということです。

問4 では**問4**を見ます。

① 「座」が入り、起承転結で構成された七言絶句。
② 「舞」が入り、形式の制約が少ない七言古詩。
③ 「歌」が入り、頷聯《がんれん》と頸聯《けいれん》がそれぞれ対句になった七言律詩。
④ 「少」が入り、第一句の「多」字と対になる七言絶句。
⑤ 「香」が入り、第一句末と偶数句末に押韻する七言律詩。

第一句末が「多（タ）」、**第四句**末が「何（カ）」、**第六句**末が「羅（ラ）」、**第八句**末が「過（カ）」で、**母音「a」が共通**します。よって①の「座（ザ）」と③の「歌（カ）」が候補として残ります。でも①は「絶句」とありますから不適で③が正解とわかります。**対句**の説明も適当です。②の「舞（ブ）」、④の「少（ショウ）」、⑤の「香（コウ）」いずれも不適です（⑤の「香」を「か」と読むと訓読みになります）。

頷聯（がんれん）（第三句・第四句）

問5を解きます。**対句**を確認します。「花」に「人」が対応し、いずれも主語になります。「為我開」に「随春去」が対応し、いずれも述語になります。「為」は前置詞、「随」は動詞と品詞は違いますが、直後の名詞から返る点は同じです。「留我住」に「奈春何」が対応しますが、これは変則的です。前者は動詞＋目的語＋動詞、後者は「奈～何」という句形を作ります。

問5 では選択肢を見ます。

① はるもいかん　② はるにいづれぞ　③ はるにいくばくぞ
④ はるをなんぞせん　⑤ はるをいかんせん

「**奈A何**」は、疑問・反語の副詞「**奈何・何奈**（いかん）」（p80・p86）の間に目的語Aをはさんだ形で、「Aヲいかんセン」と読みますから⑤が正解となります。ここは反語の意で、直訳すると〝春をどうしようか、いやどうしようもない〟となり、**人も春も去って行くのは止めようがなく、どうしようもない**という趣意です。

頸聯（けいれん）（第五句・第六句） **問6**を解きます。**対句**を確認します。「思翁」に「仙蝶」、「夢」に「図」、「好（よシ）」に「成（なル）」が対応します（「好」は形容詞、「成」は動詞という違いはありますが）。「遺書扇」に「染袖羅」が対応します。いずれも動詞＋目的語という構造です。董思翁は夢を見て詩を作りそれを扇に書き残し、仙蝶は絵に描かれ、着物の袖に図案化されたという内容です。前者の句は**【序文】第1文**の「董思翁……之句」を、後者の句の「仙蝶図成」も**【序文】第7文・第8文**の「画者……其形色」をふまえています。また「袖羅」は押韻のために「羅袖（＝薄物の袖）」を倒置したものです。

問6 では設問を見ます。二重傍線部Ⅰ・Ⅱに記された「仙蝶」について、その出現したりとまったりした場所を尋ねています。

① 春の城《まち》 ―― 袖 ―― 瓜爾佳氏の庭園
② 春の城《まち》 ―― 阮元の庭園の台 ―― 画家の家
③ 董思翁の家 ―― 扇 ―― 画家の家
④ 瓜爾佳氏の庭園 ―― 扇 ―― 袖
⑤ 扇 ―― 阮元の庭園の台 ―― 袖

【序文】を見ると、**第2文**に「有異蝶来園中」とあり、蝶が**作者の庭園**に現れます。次の文に「呼之落扇」とあり、扇にとまります。ついで**第4文**に「復見之於瓜爾佳氏園中」とあり、**瓜爾佳氏の庭園**に現れます（以上、一八一一年秋）。さらに**第6文**に「蝶復見於余園台上」とあり、作者の庭園の台に現れます。そして**第8文**に「仙蝶落其袖」とあり、絵描きの袖にとまります（以上、一八一二年春）。次に**【詩】**を見ると、**第六句**に「仙蝶」とありますがこれは「図」に描かれた蝶ですから除外されます。よって波線部を並べた⑤が正解となります。

尾聯（びれん）（第七句・第八句） 「他日」は〝ほかの日〟の意。ここは〝いつの日か〟ということです。「誰家（誰《た》が家か）」は**疑問形**で、**第八句**にまでかかるので、**第八句**の助動詞「可（ベシ）」は「ベキ」と連体形で読みます。「還（まタ）」は〝ふたたび〟の意の副詞。**第八句**は注が大いに参考になります。直訳すれば〝輿に乗って子猷が通りすぎるのを認めるのだろうか〟となりますが、反語的な意味合いになって、**子猷のような風流人を引き止めて歓待し、意気投合するのだろうか**という内容になります。

問7 では最後に**問7**を解きます。

① 毎年花が散り季節が過ぎゆくことにはかなさを感じ、董思翁の家や瓜爾佳氏の園に現れた美しい蝶《ちょう》が扇や絵とともに他人のものとなったことをむなしく思っている。

② 扇から抜け出し庭園に現れた不思議な蝶の美しさに感動し、いずれは箱のなかにとらえて絵に描きたいと考えていたが、それもかなわぬ夢となってしまったことを残念に思っている。

③ 春の庭園の美しさを詩にできたことに満足するとともに、董思翁の夢を扇に描き、珍しい蝶の模様をあしらった服ができあがったことを喜んでいる。

④ 不思議な蝶のいる夢のように美しい庭園に住んでいたが、都を離れているあいだに人に奪われてしまい、厳しい現実と美しい夢のような世界との違いを嘆いている。

⑤ 時として庭園に現れる珍しい蝶は、捕まえようとしても捕まえられない不思議な蝶であったが、その蝶が現れた庭園で過ごしたことを懐かしく思い出している。

一つずつ検討してみましょう。

①「**はかなさを感じ**」とありますが、世の無常がテーマではありません。蝶が他人のものとなったという説明も書かれておらず、不適です。

②蝶が扇から抜け出したとは書かれていません。また箱の中に捕らえたいとも書かれていません。さらに、絵描きに蝶の絵を描いてもらったのですから、「**かなわぬ夢**」という説明も不適となります。

③「**董思翁の夢を扇に描き**」とありますが、作者の扇に書いてあったのは董思翁が自ら書いた自作の詩なので、不適です。また「**珍しい蝶の模様をあしらった服ができあがった**」も書かれていません。

④庭園を人に奪われたという説明は不適です。作者は転勤のために家と庭園を手放したのです。

⑤これが正解となります。「**捕まえようとしても捕まえられない**」とあるのは、「**客**」が蝶を捕まえて箱の中に入れ、作者に献上したものの箱の中はからだったという話をふまえています。また「**懐かしく思い出している**」とあるのは、**【序文】**最後の文「**回憶芳叢、真如夢矣**」などをふまえています。

さて、ここで、漢詩に関する規則をまとめておきます。必ず覚えておきましょう。

重要語法その15　漢詩の規則

▼句数　四句形式を**絶句**、八句形式を**律詩**、それら以外（ただし偶数句）を**古詩**という

▼一句の字数　**五言**（五字）または**七言**（七字）が基本
古詩にはその他に三言、四言、あるいは八言以上もある

▼語調　五言詩は**二・三**、七言詩は**二・二・三**

▼押韻　五言絶句と五言律詩は**偶数句末**、七言絶句と七言律詩は**初句末と偶数句末**

▼対句　律詩の**頷聯**《がんれん》**（三句と四句）**および**頸聯**《けいれん》**（五句と六句）**

▼詩の主題　題名または結句にある

※これらの規則はあくまで原則であって例外もある

※**押韻・対句**を図式化すると次ページのようになる

▼押韻・対句の原則（●は押韻する字。｜は上下の句が対句になる）

五言絶句	
起句	○○○○○
承句	○○○○●
転句	○○○○○
結句	○○○○●

五言律詩			
首聯《しゅれん》	○○○○○		○○○○●
頷聯《がんれん》	○○○○○	｜	○○○○●
頸聯《けいれん》	○○○○○	｜	○○○○●
尾聯《びれん》	○○○○○		○○○○●

七言絶句	
起句	○○○○○○●
承句	○○○○○○●
転句	○○○○○○○
結句	○○○○○○●

七言律詩			
首聯	○○○○○○●		○○○○○○●
頷聯	○○○○○○○	｜	○○○○○○●
頸聯	○○○○○○○	｜	○○○○○○●
尾聯	○○○○○○○		○○○○○○●

解答・書き下し文・現代語訳

解答

問1 (ア)④ (イ)② (ウ)④ (各4点) 問2 ④ (7点) 問3 ⑤ (7点) 問4 ③ (5点)
問5 ⑤ (5点) 問6 ⑤ (6点) 問7 ⑤ (8点)

書き下し文

【序文】

余旧董思翁《よもととうしをう》の自《みづか》ら詩を書《しよ》せし扇《あふぎ》を蔵《ざう》するに、「名園」「蝶夢《てふむ》」の句有り。辛未《しんび》の秋、異蝶《いてふ》の園中《ゑんちゆう》に来たる有り。識者《しきしや》知りて太常仙蝶《たいじやうせんてふ》と為《な》し、之《これ》を呼べば扇に落つ。継《つ》いで復《ま》た之を瓜爾佳氏《くわじかし》の園中に見る。客《かく》に之を呼びて匣《はこ》に入れ奉じて余の園に帰《かへ》さんとする者有り、園に至りて之を啓《ひら》くに及べば、則《すなは》ち空匣《くうかふ》なり。壬申《じんしん》の春、蝶復た余の園の台上《だいじやう》に見《あらは》る。画者祝《ぐわしやいの》りて曰《い》はく、「苟《いやし》くも我《われ》に近づけば、我当《まさ》に之を図《ゑが》くべし」と。蝶其《そ》の袖に落ち、審《つまび》らかに視《み》ること良久《やや》しくして、其の形色《けいしよく》を得《え》、乃《すなは》ち従容《しようよう》として翅《はね》を鼓《う》ちて去る。園故《もと》名無し。是《ここ》に於《お》いて始めて思翁の詩及び蝶の意《い》を以《もつ》て之に名づく。秋半《なか》ばにして、余使ひを奉じて都を出《い》で、是《こ》の園も又《ま》た他人に属す。芳叢《はうそう》を回憶《くわいおく》すれば、真《まこと》に夢のごとし。

【詩】

春城《しゆんじやう》の花事《くわじ》小園多く　幾度《いくたび》か花を看《み》て幾度か歌ひし
花は我《わ》が為に開きて我《われ》を留《とど》め住《とど》め　人は春に随《したが》ひて去り春を奈何《いかん》せん
思翁夢は好くして書扇《しよせん》を遺《のこ》し　仙蝶図成りて袖羅《しうら》を染《そ》む
他日誰《た》が家か還《ま》た竹を種《う》ゑ　輿《こし》に坐して子猷《しいう》の過《よぎ》るを許すべき

3章 第1講 第2講 第3講 **第4講**

現代語訳

【序文】

私は以前董思翁が自ら詩を書いた扇を所蔵していたが、（その詩に）「名園」「蝶夢」の句があった。辛未（一八一一年）の秋、（わが家の）庭園の中にやって来る珍しい蝶がいた。（蝶の）専門家が太常仙蝶と鑑定して、この蝶を呼ぶと扇の上に止まった。続いてふたたびこの蝶を瓜爾佳氏の庭園の中で見かけた。客人にこの蝶を呼んで箱に入れ（私に）献上して私の庭園に戻そうとする者がいたが、庭園にやって来て箱を開くと、（なぜか）からの箱だった。壬申（一八一二年）の春、蝶がふたたび私の庭園の中の高台に現れた。（そこで）絵描きが祈って言うには、「もしも私に近づいてくれたならば、必ずおまえを絵に描いてやろう」と。（すると）蝶がその絵描きの袖に止まって、（絵描きが）しばらくの間詳しく観察して、その形や色を把握すると、（蝶は）そこでゆっくりとはばたいて飛び去った。庭園にはもともと名前がなかった。そこで初めて思翁の詩と蝶の思いに拠ってこの庭園に名前を付けた。秋の中ごろ、私は使者の命を承って都を出発し、この庭園もまた他人の手に渡った。花の咲き匂う草むらを回想すると、本当に夢のようだ。

【詩】

春の街には花をめでたり、見て歩いたりする小さな庭園が多く　何度も花を見たり何度も歌ったりしたものだ
花は私のために咲いて私を引き止めるので私は足をとめ　人は春とともに立ち去り春をどうにもできない
思翁はよい夢を見て詩を書き記した扇を残し　仙蝶の絵は出来上がり薄物の袖に描かれる
いつの日か誰かが家にふたたび竹を植えて　輿に乗った子猷を引き止めて歓待するのだろうか